「可能性」を見つけた男の
真・成功へのアルゴリズム

ビジョンを見つければ誰もが幸せになれる!

ビジョン・リーダー
増田勝利

はじめに

私は現在、全国各地で講演活動と講師育成、そして活躍されている講師のコンサルタント業・プロデュース業などをやらせていただいています。

そこに至るまでの人生での様々な出来事から、一つの道理を見出しました。


私は、物事を語るには二つの側面から表現しています。

一つは「物理」。これは、読んで字のごとく、「もの」のことわりですから、物質や現象が存在するルールであり、法則です。

もう一つは、「道理」。これは「みち」のことわりですから、道のルール・法則です。つまり、物事を進めていく上でのルール・法則ということになります。

私はその二つの側面から、誰しもが容易に「可能性」を見出すことが出来るプログラムを開発するに至りました。

今後は、その「可能性開発プログラム」というオリジナルプログラムを持って、全国のたくさんの方々の可能性を切り拓いていきます。

これまで研修業に長く携わり、たくさんの方のカウンセリングをやらせていただく中で、私自身が見出したというよりもクライアントを始め、出逢った方々から教えていただいたことのほうが圧倒的に多いのですが、その中で、いわゆる仕掛けられた人生ではなく、自分から仕掛けていく人生を歩んでいただきたいと切望し、本書を書く決断を致しました。

この本で表現したいことは、**「誰にでも可能性はある！」「誰だってなりたい自分になれる！」**ということです。

このシンプルなことをどうしても伝えたい。日々、この思いは募っています。

本書を読み進める中で、1人1人が人生の達成点を見出し、自分は可能性の塊なんだということを実感していただきたい、そう強く思っています。

誰しもが、オーダーメイドの人生を送っています。

私は累計で2万人以上の方々にカウンセリングを行ってきました。

その中で本当に確信出来たことは、本当に1人1人がオリジナルの人生を歩んでいるということです。

だからこそ、**あなたにしか見出せない可能性のカタチがある**んです。

私は確信を持って伝えます。

人生のルーツに可能性は潜んでいる。

その人生は1人1人のオーダーメイドであって誰とも類似していない。

そのかけがえのない人生のルーツに可能性というダイヤモンドは眠っているのであって、突拍子もないところにあるわけじゃない。

誰だって可能性はある。そして、それを見出すのは難しいことじゃない。

あなたの可能性を切り拓く一助になれば幸いです。


私は「可能性を開発すること」は突拍子もないところにそのきっかけがあるのではなく、確実にその人の人生のルーツに可能性の種が秘められていることを確信しております。なぜなら私は、可能性開発を行う上で、必ずクライアントのルーツを詳細にヒアリングさせていただいているからです。

私は本書で初めて自分の人生を綴りました。そこには二つの理由があります。

一つ目は、クライアントにやっていただいていることを私自らが示そうという思い。

そして二つ目は、皆様にご呈示する「可能性開発プログラム」が産声を上げるまでのプロセスを知っていただきたいという思いです。

闇に葬りたい過去もたくさんあります。が、それら一つ一つが積み重なって今の私があります。

これは、私の一つのケジメでもあり、今までご迷惑をかけたたくさんの方々への贖罪の気持ちも含まれています。

ご自身の経験と接点や共感出来るところがあれば、気持ちを重ねて読み進めていただけますと幸いです。

目次

第3章 意識する

第4章 自分を知る

第5章 可能性を見つける

第1章

必要だった体験

人生最大の挫折

18歳の1月3日、私は愛知県名古屋市から友人のラグビーの試合の応援に行くため、大阪にある花園ラグビー場へと私の運転する車で向かう計画を立てていました。

とはいっても、計画なんて呼べるものではありませんでした。

いつものノリと勢いで、たまたま私だけが仲間の中で唯一自動車の運転免許を取得していたからです。

私以外は皆、中型バイクの免許を取得していた友人ばかりでした。

といっても、免許取得したのが、前年の12月24日。当時の彼女とクリスマスにドライブに行くことを免許取得の目標にしていたので、鮮明に覚えています。

当時私は、兄のコネで私立高校に通っていました。その私が自動車免許を取得しているのは校則違反でしたが、恥ずかしながら、当時の私はそんなことはお構いなしでした。

私と私を囲む友人達はいわゆる「不良」といわれる類で、夜な夜な近くの公園に集っては酒を飲んだり、カラオケボックスで朝方まで騒いだり、ガスライターをビニール袋に入れそれを一気に吸ってはトリップしてみたり。喧嘩、恐喝、はたまたバイクで暴走してみたり。と、挙げればキリがない。とにかくメチャクチャな毎日でした。

そんな中で、事件は起こりました。私の人生で最大の挫折となる事件でした。

深夜に連れと待ち合わせをし、花園に向けて車に乗り込もうとしていました。メンバーは全部で10人。車に私を含め4人、他6人はバイクで向かうという予定でした。

しかし、とても寒かったこともあり、全員が車で行こうという話になり、無理矢理全員が車に乗り込みました。

友人の母のボルボを借りて、運転席に1人、助手席に1人、後部座席に4人、荷台に4人と乗り込んだのです。

とにかく、後部座席と荷台はきゅんきゅんでしたが、ノリと勢いでそんなこともお構いなし。そのまま高速道路の入り口へと向かいました。

とある三車線道路の信号で中央の車線で信号待ちとなった時でした。後ろの車は4WD

の車だったと思います。後方の車の車高が高いため、ライトが燦々と車内を照らしていました。そのライトがとても嫌でした。煽られているような気分になっていました。

信号が青になったと同時にスピードを上げ、右車線に車線変更を行ったその時、車体が大きく揺れ、その車体を元に戻そうとハンドルを切り同時にブレーキを踏みました。

そのまま目をつむってしまい、大きな衝撃が二度あり、目を開けた時から何が起こったのか理解するまでに数分が必要でした。

車を降りると、目の前の光景は驚くべき模様でした。

数名が車から放り出されており、荷台から半身飛び出した友人が、口から異常なまでに血を吐き出していました。

その中で同乗していた友人の1人が大声で叫んでいました。

「救急車呼べ〜!」

私はとっさに携帯を取り出し救急車を呼ぶために電話をしたつもりが、間違えて、消防署に電話をかけていました。それくらいとにかく動揺していました。

深夜にもかかわらず、通りがかりの人達が立ち止まり、人だかりが出来ていました。

車は車道と歩道の間にある石柱に後部が衝突し、大きくへこんでいました。

その衝撃で数名が車外へ放り出され、その中で放り出された衝撃で首から道路へ落ちた後輩が1人。

その後輩は「息が出来ない……息が……」と言っていました。

「おい！　これやべ～よ！」と友人の1人が叫びました。

荷台から半身飛び出して血を吐き続ける友人。

人だかりに向かって「見せもんじゃねーぞ！」と叫びながら殴りかかるようにして人だかりを追い払おうとする友人。

そして間もなく救急車が到着し、その後すぐにパトカーが到着しました……。

祝福されることのない出生

……そういえば、私は幸せだなあって感じることが全くなかった気がします。

私の家族は父・信夫と母・洋子、そして3人の兄。男ばかりの兄弟で、私は末っ子、両親の四番目の子供でした。私の実家はとても貧しく、父はタクシーの運転手、母は生命保険の外交員で、市営団地に住んでいました。当時3ＬＤＫで家賃が1万円強。所得に応じた家賃設定がされるシステムだったそうです。

後に母から聞いた話ですが、私が生まれた頃は父に2000万円近くサラ金の借金があったそうです。毎日の食費がままならないくらい貧乏だったそうです。

私は、小学校5年から中学校3年まで新聞配達をやっていました。中学校2年から3年までの2年間は朝刊に加え、夕刊もやりました。朝刊のお金は全て実家に入れていました。ただし、夕刊の給料は全てお小遣いとして使っていました。中学の頃以降、親からプレゼントを買ってもらった記憶はありません。自分のバイト代で買っていました。中学の友人は私が貧乏だとは思わなかったと思います。なんせお小遣いが夕刊のバイト代全てだったので、3万円近くあったからです。

兄はすでに働いていたので、何かとプレゼントをしてくれました。当時は自分の家が貧しいと思ったことはありませんでした。兄達がとにかく優しくしてくれました。

働いてお金を稼ぐというのは小学校の頃から身についていました。私にとっては当たり前のことでした。

父は毎日お酒を飲んでいて、物心ついた頃から、お酒を飲んでない父が記憶にないほどでした。いつも父と母は喧嘩していました。

私が中学校2年の頃、夜中に目が覚めると父と母が口喧嘩していました。そこまではいつもと同じ光景でした。が、その時、母が「だから勝利は産みたくなかったのよ！」という言葉を発したのでした。

もちろん、私が寝ていて聞いていないと思ってのことでしょう。

しかし、中学校2年生の私にとって、「望まれて産まれてきてないんだ」という認識は非常に辛いものでした。

それから、家に帰ることが嫌になり、次第に帰宅するのが遅くなっていきました。その頃から不良とつるむようになっていったのです。

思えば、非行に走ったのはその頃からでした。四人兄弟の末っ子だったこともあり、母は元々あまり細かくは干渉しませんでした。門限があったわけでもなく、これをやっちゃダメと言われたこともありませんでした。

父と母のことは学生時代は全く尊敬していませんでした。むしろ、こんな両親から生まれたことを悔やんでいました。お金がなかったからではなく、とにかく仲が悪かったからです。

結婚に対して、とにかく最悪な印象でした。中学生の頃、将来結婚したいとはこれっぽっちも思っていなかったことを覚えています。

また、当時は両親から愛されていると思えたこともありませんでした。

この先、笑ってはいけない……

話を高校時代の交通事故に戻します。

私は、到着したパトカーに乗せられました。

とにかく、何が起こったのか、訳も分からず動揺をしっぱなしの状態。放心状態でした。

パトカーの中で、警察官が何か話しかけていましたが覚えていません。

そんな中パトカーに連絡が入りました。

「……が多発性打撲にて死亡」

警察の1人が私に言いました。

「おまえの友達、死んだぞ」

頭の中が真っ白になりました。

起きている現実を受け入れるには何もかもが突然すぎて、とにかく思考停止状態でした。

そのまま警察署に到着し、取り調べの一室に誘導され、事情聴取となりました。

どれくらいの時間をそこで過ごしたのか定かではありません。

とにかく、事故が起こるまでのことを聞かれていました。

警察がする質問にただ答えていました。

朝方6時過ぎに父が迎えに来ました。

「とりあえず、今日はここまでにしよう。お父さんが迎えに来てるぞ」

警察が部屋を出るように促し、部屋の外に父の姿を見た時に涙が溢れてきました。

父は何も言わず抱きしめてくれました。

「お父さん、ごめんなさい。お父さん……」

父は何も言わず、そのまま警察署の外へと私を連れ出し、車に乗せました。

車には母親と次兄・三兄が乗っていました。

父はそのまま、亡くなった友人の家へと車を走らせたのです。

「友達が亡くなったのは聞いてるな。とにかく、まず、その子の家に謝りに行くぞ」

父がそう言うと、母も兄達もずっと車内で黙ったままでした。

友人の家に着くと、兄が「俺達も行こうか?」と父に尋ねましたが、父は「いや洋子(母)と3人で行ってくる」と言い、車を降りました。

私と両親とで、亡くなった友人の家のインターホンを押しました。

「どうぞ」と声があり、玄関先へ。

玄関口では友人のお母さんが立っていました。

両親はすぐさまに玄関先で2人して土下座したのです。

両親は、額から血がでるまで玄関先で頭をこすりつけて謝っていました。

私はその両親の背中を今でも鮮明に覚えています。

友人のお母さんは「もういいですから、帰って下さい。まだ何が起こったのか訳が分からないんです」と。

玄関の向こうの部屋からは、友人の姉であろう声が聞こえてきていた。半狂乱のような声でした。

その土下座している両親の背中を見た時に強烈な罪悪感が私に訪れました。

自分のしたことをやっと自覚出来た瞬間でした。

「なんてことをしてしまったんだ……」

さらに閉塞感が私を襲いました。

それから、自宅に帰ったのです。

友人の葬儀を終え、それから数日。

事故の結果、友人が1人死亡したほか、足を骨折した友人1人。そして、後輩の1人は頸椎を骨折し右半身不随状態となりました。

学校からの停学通知やら、今後の人生をどうするやら、両親兄弟達が毎日実家で話し合っていました。

私は、事故をきっかけにして18歳に至るまでの悪事が芋づるのように連鎖し、心の中は罪悪感で満たされていました。

まるで、プールの中でだんだん水位が上がって来ていて、まもなく口も鼻も水で満たされ塞がれていくような感覚。

「あれも、これも、それも……。俺が悪かったんだ。俺が悪かったからこんなことが起こったんだ。何てことをしてしまったんだ。友人を殺してしまうなんて……」

とにかく先が何も見えなくなりました。絶望とはこのことなのでしょう。

友人を事故で殺した。後輩の今後の人生を台無しにした。とにかく自分を徹底的に責めていました。

これまで感じたことのないほどの自責の念。しかし、そんな簡単な言葉で片づけて欲しくないくらいでした。

この先、笑ってはいけない……。
この先、喜んじゃいけない……。
この先、楽しんじゃいけない……。
この先、幸せなんて感じてはいけない……。
この先、辛い思いをし続けなければいけない……。
この先、ずっと苦しみを味わい続けなければいけない……。
このことを生涯背負い続けなければ……。

そんなことばかりが頭をよぎっていました。

交通事故の時に同乗していた友人達は「かっちゃんだけの責任じゃないから……」と言ってくれ、他の友人も「俺達に出来ることがあったら言ってくれよな」とメールや電話をくれました。

しかし、私の心の反応はこうでした。

「おまえ達に何が出来るんだよ！　責任はハンドル握ってた俺に来るんだよ！　かっこいい友情出してんじゃねーよ！」

心の中で叫んでいました。そして、そんな友人の思いやりをこんなふうに思ってしまう自分にさらに自己嫌悪に陥っていました。完全に負のスパイラル、心の悪循環でした。

メンタルトレーナーとの出逢い

この時を振り返ると、私は確実に精神疾患だったと思います。

景色はモノクロ（白黒）に見え、幻聴は聞こえ、幻覚も見ました。平衡感覚はありません。

閉塞感と恐怖がとにかく襲ってくる。食事をしても味がない。時間が経つのが苦痛で恐怖。次第に私の頭の中に二文字が浮かびました。

「自殺」

そうだ、死んだら楽になる！　もうこんなこと考えなくていいし、これ以上家族に迷惑かけなくてもいい。

当時の私にとって、一番良いと思える選択でした。

そうだ、自殺して楽になろう！　そうしよう！

そう思えた瞬間にとても気持ちが楽になったのです。身体が軽くなったのです。今思うと浅はかですが、身体変化も伴って、自分の決断は間違いないんだと思えたのでした。

それから、景色は色が戻り、味覚も戻り、幻聴・幻覚も消えました。

そう決断したのが1月8日でした。

それから、外に出て友人と会いました。

元気そうな私を見て、友人達は安心したようでした。

今になって思いますが、人は「決断」そのものに力があるのであって、決断そのものの方向性と心の状態は一致しません。

だから、迷っている時に決断すると、心はスッキリするものなのです。

繰り返しになりますが、その決断の方向性は心の状態とは関係ないのです。

この体験はカウンセラーとしてその後とても役に立ちました。

その翌日、二番目の兄が私にある人に逢って欲しいと話を持ちかけました。

それは、次兄が知っているメンタルトレーナーでした。

我が家は兄弟の上下関係が厳しく育てられました。兄からの命令は絶対でした。それが兄からすると命令でなく打診だったとしても、弟の私からすると命令でした。

逢いたい気持ちは一ミリもありませんでしたが、兄が言うから仕方ない。私は渋々了承しました。

そして、1月10日に自宅近くのファミリーレストランでその人物と逢いました。

話は約1時間ほどでした。

それが私が人生で初めて体験したカウンセリングでした。


私は、そのメンタルトレーナーの先生のカウンセリングのたった一時間で、気持ちが変わったのです。


「勝利君っていうんだね、お兄ちゃんから大体は聞いてるよ」

「はい……」

「今回は辛かったね。その気持ちはよく分かるよ」

「……（はあ⁉　何がおまえに分かるって言うんだ）」

「僕もね、実はこんな過去があってね……」

メンタルトレーナーの先生は自分の過去を話し始めました。それは、とても壮絶なものでした。

「（え！？　この人、そんなに大変な過去があったんだ……）」

「勝利君、でもね、僕はそんな過去があっても、今こんなに元気に毎日を過ごしてるんだよ！」

「すごいですね……そんなに大変だったのに……」

「勝利君、神様がいたとしようか。僕は宗教やってないけど」

「はい……」

「神様はね、乗り越えられないハードルは、人生に絶対に置かないんだよ」

「え！」

「だから、君の目の前のハードルも、きっと乗り越えられる。君にそれだけの大変なことが起こったってことは、それだけ君に乗り越えられる力があるって神様が知ってるからなんだよ」

「そうなんですか……」


なんだか、とても理解された感じがしました。起こった出来事の理由が分かった気がしました。この瞬間、まさに死のうと決めていた自分が、生きることに希望を見出したのでした。

その心理変化は驚くべきものでした。

自分でも本当に驚きました。明日にワクワク出来たのです。

こんなふうに人に影響を与えるようになりたいと思いました。

この体験が私がメンタルに携わる仕事をすることとなったきっかけでした。

いじめをバネに勉強に励んだ日々

その後、そのメンタルトレーナーの先生の推薦で、スキンケア化粧品とサプリメント商材を扱うメーカーで2年間勤務することとなりました。

メーカー業ということで通信販売と全国での商材の卸しを行っている会社でした。ここでの仕事はその後に本当に役に立ちました。

そこは20名ほどの会社だったので、事務・総務・営業・企画など、会社という構成の全体を見ることができました。とにかく勉強になりました。

1人1人の役割がどう連動していて、何がどう動いているのか。会社という全体が勉強出来たのです。

最初に配属された通信販売の会社は、周りは全員女性。電話対応と商品発送が主な業務でしたが、美容の知識が全くない私はやることがありませんでした。

周りの女性スタッフから小馬鹿にされるような扱いで、いわゆる雑用係でした。女性ならではの陰湿ないじめもありました。

人生で初めていじめを体験した場所でした。いじめていたことはあってもいじめられたことはそれまで一度もありませんでした。

子供の頃から負けん気が強かったので、私はその女性スタッフからのいじめに「なにくそ！」と思い、当時の上司から渡された『美容皮膚科学事典』と『化粧品基礎知識』という本をとにかく読んで勉強しました。この女性スタッフに絶対に負けたくない。そのためには知識が必要だと。

重ねて、サプリの販売のための知識も勉強しました。その会社のサプリは医師が開発したものだったので、病気を患っている方への販売がメインでした。そこで病気に関する知識も勉強出来ました。

2ヶ月ほどで読破し、女性スタッフが電話対応で困っている時に代わってもらい対応しました。その積み重ねで、周りから信頼を得られるようになりました。顧客から化粧品の細かい質問が来たら私に頼ってくるようになったのでした。

この時には私は、知識がどれほど重要なのかを体感しました。知識がなくては、その業界・業種で活躍することは絶対に出来ないのだと。


そして、その活躍が評価され、卸し部門へと配属が変わりました。

その中で私の役割は「営業・美容インストラクター」でした。

私は全国の卸先のフォローと開拓が仕事となりました。ものを売ることがとにかく楽しかった。私はこの商品を全国の人が使うことが本当に世の中のためになると確信していました。

やはり、自分のやっていることに強い意義が見出せていないものは続かない。この体験もその後に生かされることとなります。

そして、2年間美容メーカーで勤務し、その後カウンセリングしてくれた先生から、独立して研修会社を立ち上げるから一緒にやらないかと誘いを受け、自己啓発会社へと転職することとなります。

モチベーションの崩壊

自己啓発会社に配属になった私は、その先生を紹介してくれた兄と一緒に、教材と研修の販売が仕事でした。

「ただ販売のための営業ではダメだ、それでは顧客には魅力がない」と考え、前社の経験からとにかくセールストークを組み立てることに必死になりました。何を持って人はこの研修を契約するのか。教材を契約するのか。

私は前社から人は商品そのものではなく、その商品の向こう側にあるものを見て契約するのだと確信していました。

顧客が購入するのは「商品ではなく、希望である」と。

そして、私が最終的に至ったのは、まずクライアントの悩みを聞き、その悩みを解決してあげて、これを自分で出来たら良くないですか？　と問いかけ、それにはこの研修・教材が必要だと訴求することでした。それでほとんどの方が契約に至ったのです。

その当時の契約率は90％でした。

そのサイクルが出来上がってからは、毎日のほとんどがカウンセリングとなりました。1日7人から、多いと12人。それを12年間ほど繰り返しました。カウンセリングの延べ人数は2万人を超えていました。その中で催眠療法を行った方が約3500名に及びます。後にこの数が全国的にもトップレベルであるということを知ることになりました。

私に心理学や催眠療法を教えてくれていた当時のメンターからの教えをベースにしていたものの、私のカウンセリングは特殊でした。

どうしても、精神的なものだけで物事が解決するとは思えず、クライアントの悩みを聞き、その相談内容の知識がなかったら自分で勉強しました。

経営の相談なら、経営を。病気であればその病気を。資産運用のことなら資産運用を。とにかく、的確にその相談に答えられるように勉強したのです。

そんな繰り返しの中、何年も続けられたのはその先生がいたからでした。

朝は10時近くから、夜は深夜2時前後まで、休みなく働き続けました。子供の頃から働くのは嫌ではありませんでした。

しかし、続けられた最大のモチベーションは、18歳の頃、失意のどん底から救ってくれた先生。私のメンターでした。

その人の役に立つならどんなことだって出来る。命の恩人なのだからと。

しかし、共に働いていた兄は、諸事情で会社を離れました。

そして、私は延べ16年に渡りその会社で働くこととなりました。

そのメンターの研修や教材を拡げることが世界を救うことになるんだと信じ切っていました。

その後、カウンセラー・インストラクターから雇われ社長となり、会社は社員50名にまでなり、全国に支店を作るに至りました。

とにかく走り続けました。今思うと、犯罪すれすれのこともやりました。メンターのためと研修参加者から多額の資金調達。昔不良だったこともあり、度胸だけはありました。その全ては自分が失意のどん底だったにもかかわらず、たった1時間でその気持ちが変わった体験。

そして、そうやって自分を変えてくれたメンターへの感謝。それが原動力でした。何があっても乗り越えられる。心底そう思ってました。


しかし、そのモチベーションが崩れたのでした。

研修や教材を購入・契約してくださっている方々がどんどん経済的に苦しくなっていくのです。クライアントは次から次へと研修や教材を契約していくのですが、私は、実際にクライアントが良くなっていっているとは思えなくなってしまっていました。大人になっていく私は、社会を知れば知るほど、自分のやっていることが社会に反しているのではないかと思い始めたのです。

クライアントが、家族と離ればなれになっていくのです。
クライアントが、クライアントの友人と途切れていくのです。
そして、すがるかのように研修に参加し続けるのです。
「自分を成長させるとはそういうことなのだろうか……？」と、販売すればするほど疑問が湧いてきていました。

私のやっていることは社会的にどうなのだろうか……。

このクライアントの喜んでいる顔は、一時的なもの、表面的なものなのではないのだろうか……。

私のやりたかったことはこれだったんだろうか……。

本当に役に立っているのだろうか……。

もし、今、交通事故をした当時の私を私がカウンセリングしたとして、胸を張って「大丈夫だよ！」と言ってあげられるのだろうか……。

こうやって研修を売り続けている私を、はたして天国の友人は誇らしく思ってくれるのだろうか……。

依存からの脱却

私は仕事を続けることが精神的に無理になりました。そしてその会社を辞めました。人生で二度目となる大きな挫折でした。自分の人生での目標がなくなった。

私は、この先何をするかを決めることなく、東京へと移住しました。

とにかく、今の場所を離れたかったのです。

東京に移住して、まずは今までの経験を活かそうとプロフィールを作り、出逢う人に配って、講演をやらせて欲しいと営業しました。見事に全て手応えがありませんでした。自分の今までやってきたことは何だったのだろうと後悔しながらの日々が続きました。そんな時、前社で親しくしてくれていた方が販売組織でセミナーをやってもいいと言ってくれました。これは絶好の機会だと思い、やらせていただいたのですが、結果は惨憺たるものでした。

前社を知っている方もいて、「あれなら、前の会社のセミナーのほうが面白いよね」という感想だったのです。私の16年の経験が音を立てて崩れ去った瞬間でした。

私は自分という骨格がなくなってしまうのが怖く、すがるように前社で知っていた量子物理学の先生を訪ねました。今度はその先生を頼りにしたのです。

しかし、16年という歳月も関係なく、価値観が全く合わず決別でした。

私には頼るものがなくなりました。このままではダメだと思い、今まで積み重ねてきたものをいったん捨ててみました。

今思えば、この瞬間が依存から脱却出来た時だったのかもしれません。


依存からは何も生まれません。

「全く」と言い切ります、何も生まれません。


そして、そんなふうに気持ちを切り替えた時に、私に良い話が舞い込んできたのです。

私の過去の実績を知っている方からの、セミナー事業に投資したいから、その資本でやってみないか？　という話でした。私にとって願ったり叶ったりでした。

私は確信しています。

やり続ければ、必ずチャンスが訪れる。

今ならそれを物理と道理から説明出来るのです。

そしてそこで、現在の恩師と出逢うことになります。私はそれから、今までの経験を活かし、現在の独自理論を体系立てるまでに至りました。その時に今までの経験は何一つとして無駄なことはなかったと確信し、そして、18歳の時の交通事故も、貧困だった幼少期も、メーカーでの経験も、16年間の研修会社での経験も、全ての点が線になってつながったのです。こうして出来たのが「可能性開発プログラム」です。

今までの経験から物理と道理を導くに至りました。今までの経験が全て材料となりました。現在の私の活動は今までの私の経験の全てが凝縮されているフィールドです。今までの経験を凝縮した「可能性開発」を届けるために。

この可能性開発は私の人生の二度の大きな挫折が反映されています。そして、2万人ものカウンセリングを行ったそのフィールドで学んだことが反映されています。

私はこの可能性開発を届けることこそが、私の人生の役割だと確信しています。18歳の時の事故があったからこそ、痛みを持つ人を助けたいという執念に近い心境になります。

メンターを崇拝し続けたからこそ、人を信じる強さも知っているし、同時に自分の足で立つことの大切さが分かりました。

人生は実につじつまが合うものです。この「可能性開発プログラム」を届けるために今までの人生があると考えるなら、全て納得が行きます。

人の人生はそうやって出来ているのだと今は確信しています。

一見無駄なことに思える体験もある時を持って、その点が線となってつながります。その瞬間に可能性は目の前に拡がります。

その瞬間を導き出すことこそが現代におけるカウンセラーの役割ではないでしょうか。

もはや、そうなるとカウンセラーとは呼びません。

私はそれを「ビジョンリーダー」と呼んでいます。

長々と記載しましたが、「可能性開発」を知ってもらうためには上記のプロセスを背景にしていただけると皆さんが少しでも厚みを感じていただけるかと思っています。

世に溢れる成功哲学やノウハウもので欠けているのは、どうやってそれが構築されたのかというプロセスです。

私はそのプロセスの理解がない限り、その方法論は使えないと提唱しています。

そのプロセスの理解こそが、方法論に力を注ぐものだからです。

第2章 現実を知る

可能性開発プログラム

ここで、今までの私の経験の集大成となっている「可能性開発プログラム」を皆様にご紹介したいと思います。

この「可能性開発プログラム」とは、「可能性実現チャート」と「可能性開発シート」を使い、自分の可能性を見つけ、それを開発する一連のプログラムです（「可能性実現チャート」と「可能性開発シート」は巻末に掲載）。この通りに実行していただければ、全ての問題がクリアされます。そして、どんな事業も大成します。

「可能性実現チャート」は科学的裏づけを伴った図式です。そして、このチャートから歴史上の偉人を解析すると、見事にその通りになっていることをご理解いただけることと思います。「可能性開発シート」は自分の可能性を見つけるためのアイテムです。

この「可能性開発プログラム」を理解し、その手順通りに進めて行くことによって、あなたの人生はあなたの持てる可能性の最大をカタチにすることが出来ます。あなたの可能性を切り拓くことが出来ます。どんなに一般的といわれる人でも必ず可能性を切り拓くことが出来ます。有名な企業も偉人も、全ての成功哲学もこの「可能性実現チャート」に沿って成されているのです。

世界中の「貧しい中の最も貧しい人」を救おうと人生を費やしたマザー・テレサ。彼女も、このプロセスをたどっています。

ボクシング業界の世界的伝説となっているモハメド・アリ。彼の格言には、「可能性実現チャート」とまさに重なっているものが多々あります。

ＩＴ業界に革命を起こしたスティーブ・ジョブス。彼の歩みもまさしくこの「可能性実現チャート」の通りです。

薩長同盟の立役者、そして明治維新の代表者である坂本龍馬。彼も例外なく、この「可能性実現チャート」の手順通りに物事を進めていたと言えます。

私達が知っている偉人や成功者は確実にこの「可能性実現チャート」通りに実行してい

たと言えるのです。私は自信を持って、このプログラムをあなたに届けたいと思います。

また、今現在ご自身のやっていることが上手くいっていないとするなら、「可能性実現チャート」と照らし合わせて、どこがずれているのかをチェックしてみて下さい。自ずと答えが見えてくると思います。

この図はこれ以上シンプルに出来ないほどシンプルに体系立てています。これ以上複雑にすると分かりにくくなるため、この図の表現が現時点では最適と判断しています。

しかし、この「可能性開発プログラム」は生き物です。さらに進化していくことが予想されます。しかし、抑えておきたい根幹は何一つ変わりません。

現実と理想論のギャップがもたらす問題

私が長くカウンセリングを行う中で、良くなる方と良くならない方は明確に分かれていました。

そのことを振り返り、今はっきりと言えるのは、**現実論と理想論のギャップが大きい方**

はご自身の望む方向に進んでいかないということです。カウンセリングを行っていて相談の内容も当然様々です。仕事のこと、健康のこと、お金のこと、夫婦のこと、職場の人間関係、ご自身の夢のことなどなど、本当に様々です。

私達が変えたいものはいったい何でしょうか？

クライアント全員に共通して言えることは、変えたいと言っているのは「現実」でした。始めから「自分を成長させたいのですが……」と相談される方はほとんどいません。クライアントは自身の抱える問題を具体的に変えたいと相談してくるのです。

もう一度言います。

私達が変えたいのはこのリアル「現実」なのです。

例えば、夫婦関係が上手くいっていないと言っている奥様。

朝、ご主人は眉間にシワを寄せていて、奥様が「おはよう」と言っても返事もない。黙々と朝食を食べて準備をして家を出る。そういった小さなコミュニケーションのなさの積み重ねが、日をたくさん重ねて大きな摩擦となって「夫婦関係が上手くいっていない」という現実を招くのです。

その奥様が変えたいのは、具体的なご主人の反応なのです。

夫婦関係が上手くいっているということを具体的なことに置き換えると、朝ご主人が起きて奥様が「おはよう!」と声を掛けた時に、【眉間にシワを寄せず、口角が上がった状態(つまり笑顔)で、高めで柔和なトーンで「おはよう!」と返答する。その状態で元気良く「行ってきます!」と家を出る】という反応が欲しい訳です。

これらは精神論ではなく、具体的な現実の変化です。**その具体的な現実の変化がなければどんな精神論も意味を持ちません。**

例えば、経済的な課題がある方は、豊かな心が欲しいのではなく、お財布に福沢諭吉さんがたくさん入っていて欲しいのです。銀行通帳のゼロが増えて欲しいのです。病気が課題の方は、実際にその病気が検査の結果、改善されていて欲しいのです。

そして、それらに変化を起こすには、「自分を変えましょう」というのが成功哲学・自己啓発の根幹です。

しかし、この**「自分を変える」ということは、起こしたい現実の変化にとって最適なツール、方法であって、欲しい答えそのものではありません。**

ここは絶対に押さえていただきたい重要なポイントです。

「自分を変える」だとか、「魂のレベルを上げる」だとか、「意識を高める」といったものは現実を変えるためのツール・方法なのです！

本末転倒の自己啓発難民

皆さんもどこかでこの類の話は聞いたことがあるかと思います。「他人は変えられない、でも自分は変えられる」とか。

そして、「よし、自分を変えよう!」となり、成功哲学・自己啓発・スピリチュアル系などなどを自身に取り入れ始めます。すると、自分の学習しているものよりもより効果的、実績があるものと出逢います。また、友人から聞いたりします。すると今度は、「そっか、そっちのほうがいいんだ。そっち学ぼう。だって、今学んでることでは結果が出なかったから」と、別のものを取り入れ始めます。

次第に、そもそも変えたいと思っていた現実から離れて、より精度の高そうな、人気のある、自分に合った、実績のある、自己啓発などを学ぶようになります。なければ探します。それを繰り返し続けます。

こうなっていく方が非常に多いのです。私達はこのような方々を失礼ながら「自己啓発難民・成功哲学サーファー」と呼んでいます。

もう本末転倒しているのです。


こうなると、現実と理想論に大きなギャップが生まれ始めます。


私がここで言っている「理想論」とは、自己啓発・成功哲学・スピリチュアル系・倫理・道徳・宗教を指しています。

よほど偏ったものでない限り、人が生きていく上でこれらの考え方はとても役に立つと思います。

しかし、**変えたいリアルな現実を見失ってしまうと、これらのものは「逃げ場」になってしまう**のです。これらを学ぶ目的は現実を変えるためのものなんだとハッキリしていれば、依存することはありません。目の前の現実に変化が起こらなければ必ずやり方を変えてみるはずです。

美味しい料理が作れなければ、料理そのものを工夫するはずです。決して祈ったりはしないはずです。

しかし、この理想論に偏ると、ともすると祈りが足らないだの、もっと自分を見つめるだのといった方向に行ってしまうのです。

それは、**「努力している感」満載ですが、残念ながら現実の変化は起こりません。**

または、ご主人のことが課題だった奥様が、「最近旦那のことに対して反応しなくなりました(^^)ストレス感じなくなりました(^^)」とおっしゃいますが、現実は何も変わっていない。これは解決したのではなく、問題がすり替わり、奥様がご主人に対して、無関心になっただけの話です。理想論に偏るとこういったことが起こります。こういったことに私はとても疑問が残っていました。

ですので、**絶対に握っていていただきたいのは、「私が起こしたい現実の変化はこれだ!」というものなのです。**これをしっかり握っていて欲しいのです。あなたの現実のリアルな課題から目を背けなければ、必ず少しずつでも前に進んでいきます。

そして、この変えたい現実の中身を探っていくと、分かってきたことがありました。90％の悩みは経済のゆとりがあれば解決しやすいということです。

聞くところ、日本で行われている裁判の90％が民事裁判で、それらは全て「お金」にまつわるものだということです。

貸したお金を返して下さい。

迷惑を被ったからお金を払って下さい。

離婚するからお金を払って下さい。

特許侵害したのでお金を払って下さい。

などなど、全てお金のことです。

法律で争っている大半はお金のことなんです。人はお金のことで、ぶつかるんです。そしてお金で解決している現実があるのです。今さらながらですが。

それと同じように私のクライアントの90％は、今より少し経済的にゆとりがあれば解決に傾くことばかりだったのです。

しかし、**精神論に偏ると、この経済という重要なキーワードが途端に消えてしまいます。**心だの感情だの意識だのという方向に行ってしまうのです。先ほどと同様になりますが、**実際に変化を起こしたい現実から目を背けないで下さい。**

職場の人間関係で悩んでいる方がいたとして、もし経済的なゆとりが相当あったら今の職場を続けるでしょうか？　今の職場に居続けなければいけないのは、そこでのサラリーがご自身の生活基盤になっているからではないでしょうか？

離婚で悩まれている奥様は、ご自身に経済的ゆとりが相当あったら、離婚を悩むのでしょうか？　離婚出来ない理由が生活が出来なくなるということだとするなら、経済的ゆとりがあれば見えてくるものが変わるはずです。

病気で悩んでいる方がいて、もし自由診療の高額治療が受けられたとしたら治る確率は格段に上がるのではないでしょうか？

つまり、可能性は拡がるのではないでしょうか？

だからといって、お金が全てですと言っている訳ではありません。しかし、経済というキーワードがスピリチュアル系・倫理・道徳・宗教ではかなり薄いのは事実です。

ですので、**「可能性開発プログラム」**は**「経済に帰着した、経済を見据えた成長法・進化法」を提案**しています。

実現出来る可能性か見極める

私は長く自己啓発や成功哲学の業界に携わっていた経験から、とても悩んでいたことがあります。

この業界のテーマは「望みや夢は叶う」「願望は実現する」「潜在能力を開発すれば何でも出来る」といったものです。

しかし、これがあまりにもざっくりしたテーマなのです。これらのテーマを皮肉って「それなら、大統領になろうって思えばなれるんですか？」と問われる方もおられました。当時の私は、「あなたが本当にそう思えば……必ず叶います。しかし、本当にそう思ってないですよね？　それなら叶いません」とか、「潜在意識のブロックを外さないと叶わないです」などと返答していました。

しかし、単純な話です。現在私の母は70代ですが、母が今からありとあらゆる最新鋭の機械を用いて、世界でも一流のコーチをつけて、練習し続けて、オリンピックの100メートル走で金メダルを取ることが出来るでしょうか？

答えはNOです。当たり前ですが。だったらシニア向けあるよ！　とか、そういった論点を話したい訳ではありません。

しかし、**偏った自己啓発や成功哲学は「望めば叶う！」と言う**のです。

母がいくら練習しようが祈ろうが絶対に取れません。これは「物理」的に考えて不可能です。冷静に考えれば誰しもが当然理解出来ることだと思います。

私から見て、それに近いものを目標にしている方が非常に多いのです。つまり、「願望は叶う！」というのは大雑把な言い方で、厳密に言うと、「可能性を実現する！」というのが正確な表現になります。

人それぞれに可能性のあるもの、ないものがあるのです。

ここを見極めないといけないのです！

テニスの錦織選手は、テニスに可能性があったのです。

イチロー選手は野球に可能性があったのです。

それらを親が見抜いて導いたのです。仮説に過ぎませんが（しかし、私は確信を持っていますが）、イチロー選手がサッカーを選択していたら、あれほどの世界レベルの大選手になれなかったのではないでしょうか？

このように、いくら願ったからといっても、可能性が低いものにいくら時間を費やしても現実にはなり得ません。ですので、**大事なのは、「願望実現」ではなく、「可能性実現」なのです。**

これからは、「願望は実現する」というキーワードではなく、「可能性を実現化させよう！」というキーワードに変えていくべきではないでしょうか？

あなたならではの可能性があるのです。
あなたにしかない可能性があるのです。
その可能性は必ず見出せるのです。

さあ、それでは、あなたの可能性を切り拓く可能性開発へと進めて参りましょう。

創造意識科学概論

ここで、ビジョンリーダーの提唱する可能性開発の論拠となっている「創造意識科学」概論をご紹介致します。これは、恩師と私とで体系立てたものであり、完成度を高めるために幾度も改訂し続けています。ですので、ここでご紹介するのはこの書籍発行現在の創造意識科学概論です。

物事を判断するには必ず基準となる価値観が存在します。しかしながら、私がカウンセリングを行う中で、前項でもお話しした通り、クライアントの多くはともすると理想論が基準となり、その考えそのものが現実からの逃避になっていたり、または現実離れしてしまっていました。

そこで、現実を力強く生きていくための基準となるものを体系立てたかったのです。基準がぶれなければ、スピードは別として、物事は必ず前に進んでいきます。

「科学」とは、辞書で次のように定義されています。

【自然や社会など世界の特定領域に関する法則的認識を目指す合理的知識の体系または探究の営み。実験や観察に基づく経験的実証性と論理的推論に基づく体系的整合性をその特徴とする】

つまり科学とは、要約すると、「自然や社会の法則を体系立てた知識」ということになります。

世界には様々な文化圏があります。一夫一妻制と一夫多妻制では価値観が全く違います。また、時代背景によって人の価値観は大きく変わります。平安時代は食べ物が充分になかったから、ぽっちゃりとした体系の女性が美しかった。現在は食べ物が充分すぎるほどあり、ダイエットが産業の一つとして成立しているほどですが、そういった時代背景からか、細身の女性が美しいとされています。

しかし、どれだけ時代が変わったとしても、科学の観点での基準は絶対に変わらないのです。1000年前、水は100度で沸騰しました。今日現在も水は100度で沸騰します。そして、1000年後も水は100度で沸騰することは変わりません。

これはほんの一例ですが、科学は時代や文化を超えて、普遍的なのです。ですので、可能性開発を行っていく上で、**科学的に物事を捉えていくのはとても有益**です。

この「創造意識科学概論」をあなたの生きていく基準としていただければ、まさにあなたの可能性はより一層拡がっていくことと確信しています。

人が「生きる」とはどういうことなのでしょうか。

おそらく何千年にわたって多くの哲学者、思想家、宗教家が、その答えを求めてきた壮大なるテーマかもしれません。

しかし、ここでは実にシンプルにその答えを科学的に、そして論理的に導き出し具体的な学問として皆様に提唱していきたいと思います。

それが「創造意識科学」なのです。

[1] 人の脳

まず人と他の生物の決定的な違いからアプローチしていきましょう。

その決定的な違いは「脳」です。

脳は生物として生存していくための基本的な機能が遺伝子情報を基として組み込まれている基本脳と、進化することを前提とした機能を持った創造脳に分かれます。

その比率は、基本脳1対、創造脳9。

基本脳には呼吸、瞬き、消化、排泄、生殖、成長、老化、反射反応など、いわゆる本能的な機能が組み込まれています。その機能は「意識」に関係なく稼働します。まさしく「無意識領域」の部分です。

創造脳には五感、記憶、識別などを「受信」「蓄積」「発信」する機能が組み込まれています。それぞれの機能を有する部位はここでは省略しますが、これは科学的にも医学的にも証明されています。

これらの機能は無意識に働くものでなく「意識」によって稼働するものです。

つまり「意識領域」の部分です。

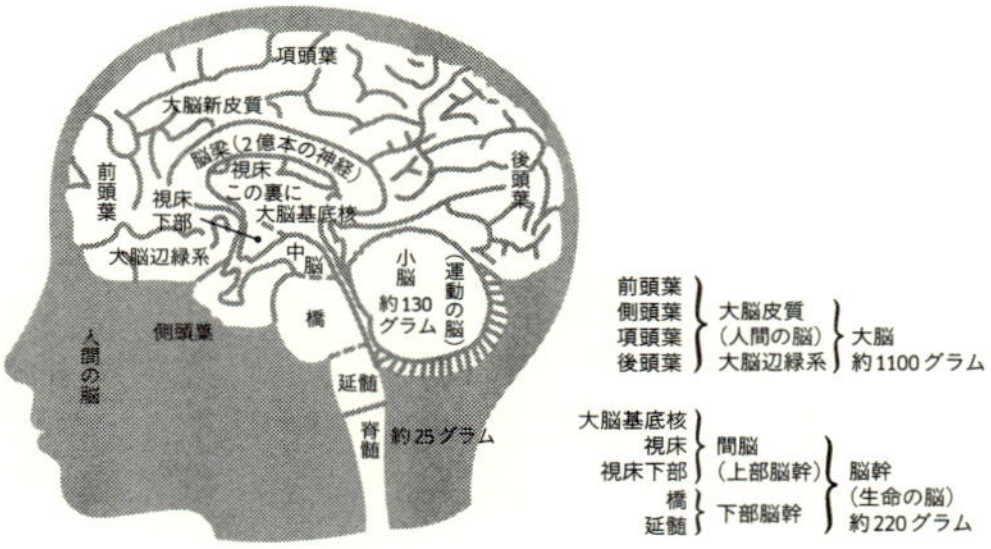

脳の仕組み

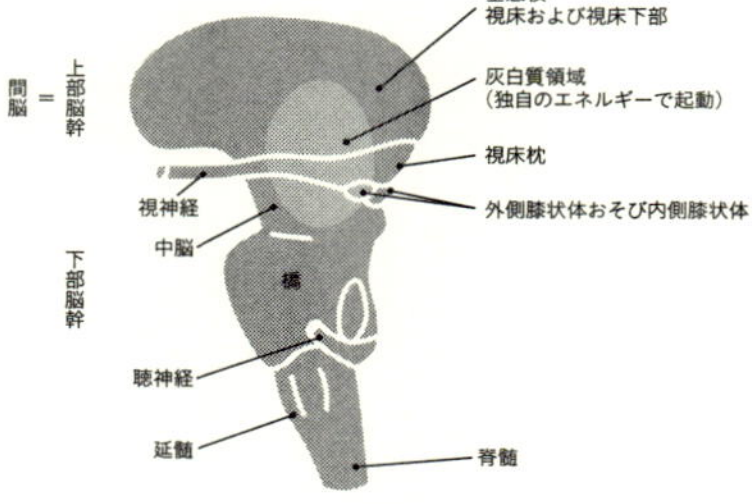

脳幹の仕組み

こうした脳の構造から他の生物にはなく、人だけが有するものが何であるかがシンプルに見えてきます。

もうお分かりの通り、それが「創造脳」なのです。

[2] 新説＝意識の定義　意識唯一理論

次に意識の定義を明確にしていきましょう。

今までの定説では意識は「潜在意識」「顕在意識」「無意識」などの分類がなされてきました。しかし、ここでは「意識は一つである」と定義します。潜在も顕在もない。ましてや無意識などはその名の通りないのです。あるのは意識の種類なのです。その種類については後でお話しします。

そして意識の正体とは何か。**意識は「情報エネルギー」なのです。**エネルギーですから、それは波となり、粒子となり空間を通して伝播していきます。これは、ここ100年の間に飛躍的に研究が進んだ量子物理学によって科学的に実証されています。

つまりエネルギーとしての意識は確実に存在するということです。時として意識という言葉は「気」「念」などに言い換えられています。

[3]意識と創造脳の関係性

意識と創造脳の定義が分かったところで次にその二つの関係性を説明します。

意識はエネルギーであるから、分かりやすく言うと動力原（ソフト）です。そして創造脳は器（ハード）なのです。

つまり創造脳は電源を入れないと動かないパソコンのハードディスクのようなものであり、それを動かすのが電源である「意識」なのです。

ハードディスクの中には様々なフォルダがあります。それら全てに容量があり、処理スピード、メモリー容量が違っています。個人によって能力が違うというのは創造脳の容量によるものと考えていいでしょう。

またハードである創造脳の特別な機能として覚えておいて欲しいのが「受信」「発信」機能があるということです。これも脳のどの部位から、どのような強さで動いているかは脳波を調べることですでに科学的に実証されています。

一方、電源である意識には様々なソフト（プログラム）があります。前述した「意識は一つだが種類がある」というのは、このことなのです。

[4] 人が「生きる」とは

「創造脳」「意識」「創造脳と意識の関係性」を理解したところで、いよいよ「生きる」とは何かを説明していきます。

創造脳には受信機能が備わっています。何を受信するか。それは様々な情報です。視覚、聴覚、嗅覚、触角、味覚によって創造脳は様々な情報を取り入れ、さらに必要なものを記憶として蓄積していきます。そして「知識・知恵」となって「進化」に向かうのです。

向かう先にある**究極の目的は「人の役に立つこと」であり、そこに向かって進化することが創造脳にとって最も心地良い状態を生むことになる**のです。分かりやすく言うと「ワクワクする」「楽しくなる」ということになります。

つまり、**「人として生きる」とは、「人の役に立つこと」を目的として、人にしかない創造脳を最大限活用して「進化」させていくこと**なのです。

要約すれば、可能性を発見し（見出し）、そして実現（達成）すること。

成功とはすなわち幸福でもあり、なりたい自分（可能性を実現出来た自分）でもある。

そして発見から実現に向かうことが「進化」であり、これこそが人として生まれてきた使命であり目的なのです。

つまり、「創造意識覚醒」であり、量子物理学的にも説明が出来ます。

だからこそ、

「可能性を見つけよう」

「見つけたら実現に向かおう」

「そして達成しよう」
と言えるのです。

ついに達成する人もいれば達成出来ない人もいます。終わりはない、という成功者もいます。しかし達成に向かって生きることが「進化」であるから、その時点で、実は人生の目的は果たしていると言えるのです。

つまり、「可能性を見つけることが第一義であり、次に達成に向かうことが二番目なのである」ということです。

人に必要なのは「可能性」なのです。

[5]可能性はどこにあるのか？

可能性はどこにあるのでしょうか。

「君達には可能性が拡がっている」

「可能性を引き出せ」

「自分の可能性を信じろ」

「ポジティブな言葉で引き出せ」

などなど、自己啓発セミナーなどでよく聞く言葉です。

言葉は聞くが、どうやって引き出すのか。引き出せるような実感がなぜか伴わないのが実情です。それは可能性というものがいったい何なのか。そして、それはどこにあるものなのかが明確になっていないからなのです。明確でないから明確な答えがないのは当然といえば当然となります。

創造意識科学では明確です。

可能性は「創造脳」の中にある。

創造脳の全容量を100とすると通常の人はその約14%しか使っていないというデータがあります。残り86%も容量が残っているのです。つまり、ここに「可能性」があるのです。その14%を顕在意識といい、86%を潜在意識または無意識というから分からなくなってしまいます。

さらに86％の無意識を引き出すというから、さらにややこしくなります。

「可能性」は「引き出すもの」「覚醒させるもの」ではなく、活用して自己進化させていくものなのです。

では、どうやって活用していくか。

いたって簡単です。単純にエネルギー源である意識を受信して創造脳にある様々なハードディスクをガンガン動かすことなのです。そのためにはより強いエネルギーがあればいいだけなのです。

そこで、より強いエネルギーを受信するための方法を説明します。

創造脳が最も心地よく活動する時は「人の役に立つこと」を目的とした時です。従って、その目的を具体的に創ることです。それが「ビジョン」なのです。

ビジョンの創り方は別に説明するのでここでは省略しますが、誰でも簡単に創ることは出来ます。

ビジョンの重要な役割として「方向づけ」があります。羅針盤的な働きです。例えば、人の役に立つことを目的としたビジョンに向かって進化していけば、その先に幸福が実現出来るでしょう。しかし人を征服することを目的としたビジョンに向かって進化していけば、その先にあるものは戦争かもしれないのです。

このように**ビジョンと結果は強い関係性を持っている**と言えます。そして、結果をとらえて「運命」ということがあるのです。

正しい方向づけがなされたビジョンが出来ると、創造脳の各ハードディスクの受信状態が良くなります。いわゆる「スイッチが入る」「その気になる」といった状態になるのです。

[6] 創造意識

「意識は一つだが種類がある」と前述しているように、意識の中でも創造脳を活性化させる意識を受信することで創造脳は最大限の力を発揮するのです。

その活性化させる意識を意識唯一理論では「創造意識」と言います。

意識は一つですが種類が沢山あります。その意識の中にも低い意識と高い意識がありま す。創造意識は言い換えれば高い意識と言えます。

実は低い意識を高い意識に向かわせるのが「創造力」なのです。創造意識とは「創造する意識」であり、ここでは「高い意識」として位置づけています。

そして**人の役に立つためのビジョンを持った創造脳の周波数と同じ周波数の創造意識が一致した時に最大のエネルギー（進化）が発生する**のです。こうして、創造脳の残り86％が、どんどん活用されていき結果的に可能性が大きく拓かれていくのです。

この周波数の一致というのが「シンクロニティ」という現象を論理的に引き起こしていきます。これがいわゆる「偶然」「奇跡」「幸運」「運命」などと言われている事象の正体なのです。

創造意識科学では、はっきりと言うことが出来ます。

「チャンスは誰にでもある」

「奇跡は君にも起きる」

「幸運は自分でつかむことが出来る」

と。


ここで一つ注意すべきことがあります。それは「創造意識」は全てが人にとって役立つためのビジョンで成立している訳ではないということです。中には世界征服のため、人を傷つけるためのビジョンで成立している創造意識もあるということです。

もし、その創造意識が多くのシンクロニティ現象を起こし拡散していけば、戦争、破壊などが起きるのも容易に想像出来ます。

だからこそ正しい方向に導くための「創造意識覚醒」は重要なのです。


ここまで創造脳の受信の説明をしてきましたが、もう一つ大切な「発信」という機能の説明をします。

創造意識を受信して活性化した創造脳では、さらに多くの情報を蓄積し、より進化した創造意識を生み出し、それを空間に発信しているのです。そして、その創造意識は他でまた受信され、さらに進化した創造意識を生み出すのです。

こうして人は進化しているのです。

自分の創造脳の受信周波数が低い、または感度が悪いと逆に悪循環になることは容易に想像がつくことと思います。

[7]「自信」が悩みを解決する

受信機能が悪いということは「自信」のなさにつながります。自信のなさが様々な悪循環を生み出していると言っても過言ではありません。言い換えれば**「自信」を持てばほとんどの悩み、問題は解決出来る**のです。

従って、悩み、問題の解決の答えは、その事象そのものにはなく「人の役に立つためのビジョン」を創るところにあるのです。**ビジョンを創り、自信が生まれ、そこから好循環へと流れが変わる**のです。

[8]「創造すること」が全ての始まり

どのようにして創造意識を自分のものにしていくのか。

単純に「創造すること」であり、それを具体的に行動に転換することなのです。「創造する」ということも難しく考える必要はありません。

料理も創造すること。子育ても創造すること。ビジネスを考えることも創造すること。なにも作曲することや、デザインすること、踊ること、絵を描くことなど、アート的なことだけが創造することではないのです。

こう捉えると、**生きていること全てが「創造すること」につながっている**ことがお分かりいただけるのではないでしょうか。

なぜなら創造することが出来るのは人だけであり、創造するために生かされているのが人だからなのです。人は創造主なのです。

そして**創造の目的が人の役に立つことであれば、必ずそこに幸せが生まれる**のです。

[9] ビジョンを創る

生きていること全てが創造なのであるから、つまりは人である以上誰でもビジョンを創ることが出来ます。そのビジョンは人の役に立つことが前提であり、それを実現するために何をしていくべきかが人生の答えかもしれません。

ではビジョンをどうやって創るか。

これまた簡単です。前述したように「創造すること」なのです。創ることは「ものを創る」だけではありません。「考えを創る」ことも創ることなのです。

自分は何を創ることが出来るのか。何を創ることが楽しいと思えるのか。そこから、ビジョンを創ることなのです。そしてビジョンに経済性が伴えば、それが自動的にビジネスとなります。「事」とは経済手段を指し、「志」とはビジョンを指します。「事」と「志」が一致すれば、それは「志事（しごと）」となるのです。これが最も創造意識科学で理想とするところです。

ここで創造意識科学的に分析した「創造する事」の8大ポイントをご紹介します。

【1】人の役に立つ事
【2】自分の環境を活かせる事
【3】大好きな事
【4】自分の才能が活かせる事
【5】希望である事（欲求ではない）
【6】未来にある事
【7】本物である事
【8】なりたい自分である事

この中から「創造する事」を選べば脳は喜んでフル回転します。
そうすると、皆さんの可能性がグーンと拡がるのです。
結果「なりたい自分」に近づくのです。すなわち幸せに近づくのです。

創造する。
←ビジョンが出来る。
←学習したくなる。
←知識が豊かになる。
←行動、伝達に移す。
←体験が豊かになる。
←さらに意識が高くなる。

←
さらに上の創造、またはビジョンに。

これを好循環といいます。

または「成功へのアルゴリズム」といい、可能性実現チャートで表しています。

夢を持つ必要はありません。夢は過去から生まれます。

ビジョンは未来を生みます。ビジョンは未来へのメッセージです。

だからビジョンを持ちましょう。

焦る必要はありません。ビジョンを持とうと意識した瞬間から、それがビジョンとなり、創造意識を受信し始め、創造脳が今まで以上に確実に動き出し、同時に創造意識を発信していき、好循環が絶対的に生まれているから。

そうです。すでに、あなたの可能性は確実に拡がっているのです。

そしてビジョンが最終的に方向性を決める。

つまり、ビジョンがあなたの運命を決めるのです。

第3章

意識する

可能性は新しい情報の中にある

可能性開発の中心テーマは「創造意識覚醒」です。

この創造意識覚醒について解説していきます。

まず、心理学を始め、日常でも盛んに出てくるワードである「意識」。この「意識」とはいったい何でしょうか?

創造意識科学概論にも定義されていますが、意識とは情報です。つまり、データのことです。私達が日常で意識することは皆、すでに学習した情報なのです。

「お腹が空いた」という意識も、「暑いなあ……」という意識も、「あの人苦手だなあ」という意識も、あらゆるものは情報です。その情報も今までに学習した情報です。知らないことは意識しようがありませんし、知らないことと遭遇しても今までの情報に必ず当てはめます。

こう考えた時に、心理学や自己啓発・成功哲学に出てくる潜在意識開発だの、潜在能力開発だのというつかみどころのなかったものがハッキリと見えてきます。

意識が情報であり、「すでに知っていること」であるなら、潜在意識は「まだ知らない情報」ということになります。

すると、膨大な潜在意識が拡がっていると言われても全く不思議ではありません。私達が知っていることは全体のほんの一握りにも満たないことは想像の通りです。

意識が情報であるなら、それを創造しよう。つまり、新しい情報が創造意識だということです。「創造意識覚醒」とは、平たく言うと、「新しい情報を学習することに目覚めよう！」「そのことがとっても大事だということに気づこう！」ということです。

もし、今知っている情報の中に課題の解決があるなら、決して悩みません。いくら今知っている情報や知識をこねくり回したとしても解決にはなり得ません。

可能性はまだ知らない新しい情報の中にあるのです。

では、新しい情報とはどこにあるのでしょうか？

悩んでいる方の基本的な考えに「不足」があります。しかし、不足を嘆いていては一向に物事は前に進みません。

あの人がこうしてくれたら出来るのに。あれがこうなっていたら出来るのに……。これが足らないから出来ないんだ……。といった考え方です。

単純に考えて、「足りない」のですから、どうすることも出来ません。足らなければ創ることは出来ません。ですので、創造するためには不足という考え方を排することなのです。今ある材料から創り出すことなのです。


新しい情報、新しい意識とは、「意識の角度変換」なのです。


意識の角度を変えてみる、ということなのです。

例えば、身近なものでやってみて下さい。

これは何でしょうか？

水。そうですね。他の言い方だと？

ペットボトル。そうですね。他の言い方だと？

入れ物。そうですね。

このように、対象に対して私達は様々な表現が出来ます。しかし、その対象の認識の仕方で次の行動は変わってきます。

水。であれば、飲む、撒く、注ぐなどなど。

ペットボトル。であれば、入れる、持ち運ぶ、捨てるなど。

決してペットボトルから、「飲む」という考えにはならないはずです。ペットボトルを飲んだら大変なことになりますね。

では、これを「花をいける器・花瓶」と捉えたら、当然花をいけます。

これらは同じ対象を角度を変えて認識しているのです。その認識によって、次の行動は決まってくるのです。

同じ対象でも意識の角度を変換すれば全く別の側面が表れます。つまり、**意識の角度変換こそが「可能性を見出す」**ことなのです。

こう考えると、私達は日常の様々な出来事や人を同じ角度で認識していて、固定してしまっています。これが固定概念です。

私達は対象と同じ角度で直線的に接しています。

例えば、嫌いな人、苦手な人がいたとしたら、基本的には遠ざかりますよね。

好きな人や気が合う人がいれば、近づきますよね。

これはいずれも直線的です。しかし、あなたの嫌いな人や苦手な人も世界中から嫌われていたり、苦手とされているわけではありませんよね。

しかし、ポジティブシンキングとかプラス思考となると、「前向きに捉えよう！　前向きに考えよう！　ネガティブに考えるのはやめよう！」ということになります。

これが出来ない人にとっては苦痛でしかない。根性論的に無理矢理そう思おうとするわけですが、やはりそう思えないので、反動でさらに嫌いになったり、ネガティブになったりします。


この図はいずれも見る角度が違うものです。斜めから見れば円錐に見えますし、真上から見れば丸です。真横から見れば長方形になります。

例えば、長方形という見方がネガティブだとして、丸という見方がポジティブだったと仮定します。長方形で見ている人に向かって、「丸なんだよ！　丸で見たら楽になるよ！　丸で見るんだよ！」といくら言ったところで、長方形として見ている人にとっては全く理解出来ません。そして丸と見なさいと言っている人が自分より立場の上の人だったりしたら最悪です。見えてもないのに、分かった振りをしなければいけません。

とても簡単なことです。長方形で見ている人が丸で見える角度に変えればいいだけのことなのです。

そうすると、丸以外の何ものでもありませんから自然に丸なのです。自ずと丸なのです。

ポジティブシンキングとかプラス思考というものはこういったものなのです。いくら根性論でやったって

出来るはずもありません。
つまり、意識の角度変換とはこういうことなのです。
ですので、苦手な人という見方の角度を変えると違ったものが見えてきます。
では具体的にどうすれば良いのでしょうか？
角度を換えるということは「ひねる」ということになります。

私達を取り巻く目に見えないエネルギーはスパイラル形状、らせん階段、バネのような形状を取っています。
ひねるというのはこの形状をイメージしていただければいい

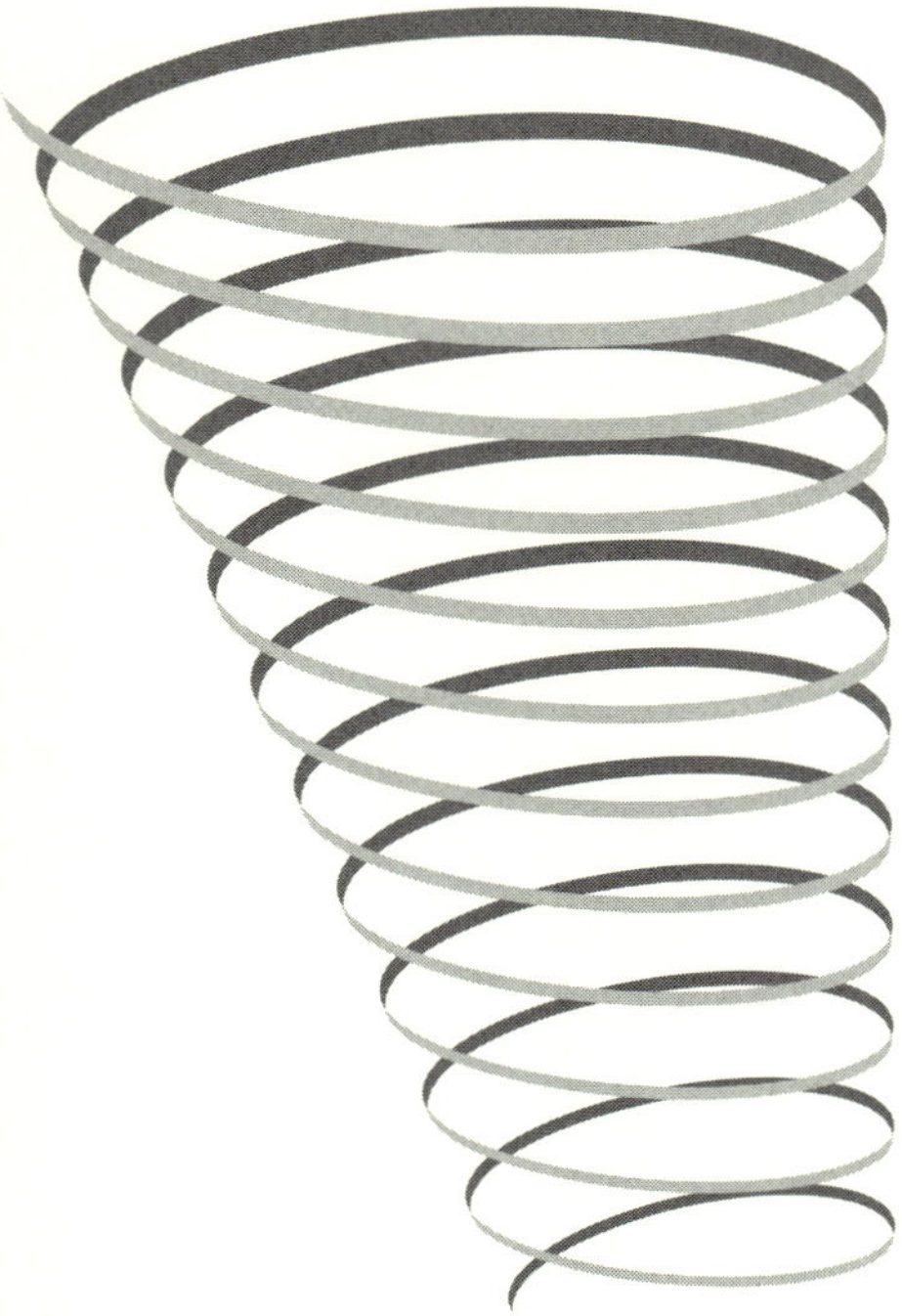

と思います。

これをさらに言い換えると「工夫」と言えます。

今あるものに工夫する努力をすればいいのです。不足している、足らないのではなく、今のままの対象の捉え方では、あなたの望ましい状態の素材に見えてこないだけのことなのです。


世の中の発明のほとんどが今まであったものを工夫して創られたものです。

そのことを「創意工夫」と言いますよね。辞書では次のように記載されています。

【今まで誰も思いつかなかったことを考え出し、それを行うための良い方策をあれこれ考えること。「創意」は新しい思いつき、今まで考え出されなかった考え。「工夫」は物事を実行するために、良い方策をあれこれひねり出すこと】


これこそが創造の原点。創造意識覚醒なのです。

まさにここに可能性があるのです。

潜在意識の開発とは

よく巷で「潜在意識には無限の可能性がある」とか「無意識を開発しよう！」などというセミナーや書籍を見かけます。

意識が3％、潜在意識は97％でほとんどがまだ眠っている意識だから、「それを使いこなせるようになろう！」という考えかと思います。

このことに対して、私は独自の考えを提唱しています。

とてもシンプルな考えです。

私は、長年、セミナー、研修業界に携わってきて思うのですが、対象となっていることが明確であり、位置がはっきりしていないと全く扱えないという事実があります。

悩みにしかり、課題にしかり、身につけたいことにしかり、人間関係にしかり、全てにおいてです。

例えば、「旅行に行こう！」と決めたとします。

①対象が明確であること。

誰と行きます？　いつ行きます？

②位置がはっきりしていること。

どこに行きます？

当たり前ですが、上記が決まってないと旅行に行けません。

病気だと診断されたとします。

①対象が明確であること。

何病ですか？

②位置がはっきりしていること。

病気になっている部位はどこですか？

当たり前ですが、上記が分からないと治療のしようがありません。

人間関係がこじれていたとします。
①対象が明確であること。
誰との人間関係がこじれているのですか？　修復すべき対象は誰ですか？
②位置がはっきりしていること。
どこの価値観がずれてトラブルになりましたか？

当たり前ですが、上記が分からないと改善しようがありません。


このことは、全てにおいて該当します。

しかし、こと、潜在意識だとか、魂の話になると、対象も不明確だし位置もはっきりしていません。

すると扱いようがありません。「扱った感」まではいきますが、はっきりと出来ないのです。


意識って何？　で、どこにあるの？

潜在意識って何？　で、どこにあるの？

これが分からなければ、扱えるはずもないのです。

前述したように、意識とは「情報」です。言い方を換えると、データ・エネルギーであるとも言えます。

そう考えた時に潜在意識の開発が明確になります。

つまり、**知らない情報を得る手段こそが、「潜在意識の開発」**なのです。

では、しごく当たり前のことなのですが、知らない情報を得るには何をしたらいいのでしょうか？

・人に聞く。
・ネットで調べる。
・本を読む。

・セミナーに参加する。

これなら、対象が明確であり、位置もハッキリしています。

これこそが、巻で言われている潜在意識の開発なのです。
この定義であれば、成功者全てに当てはまります。

摩訶不思議なこともなく、いたって明確、シンプル。誰だって、意欲さえあれば潜在意識の開発が出来ます。すでにほとんどの方がしているのではないでしょうか？

「濁った川ほど深く見え、澄んだ川ほど浅く見える」という言葉があります。
濁った川は本当は浅くても底が見えないので深いと思ってしまい、きれいな川は川底の小石や砂まではっきり見えるので実際より浅いように思ってしまうということです。
難しい話は深遠な内容に聞こえるが実は浅いもので、本当の真理はシンプルに聞こえるが実は深い意味がある、という意味です。

成功者は、自分の成し遂げたいことに対して、調べて、やってみて、調べて、やってみてを繰り返します。

まさに、これこそが、潜在意識の開発なのです。

「実現可能エネルギー」とは

では、可能性を「物理的」に、量子物理学と原子核物理学という観点から解析していきたいと思います。

私達のあらゆる物質は原子（元素）の集合体であることは小学生の時に勉強しました。その中で最も小さな元素は水素です。その水素原子は、原子核の周りを電子が飛んでいるという構造をしています。

この原子核と電子を、原子核物理学（nuclear physics）で計算すると、原子核の大きさを野球ボールの大きさとしたなら、同じ倍率を電子にかけるとゴマ粒くらいの大きさになるそうです。そして電子が飛んでいる円周に同じ倍率をかけると、野球場くらいの広さを回っていることになるそうです。これでなんとなく原子核と電子、そしてその周回がイメージ出来ると思います。

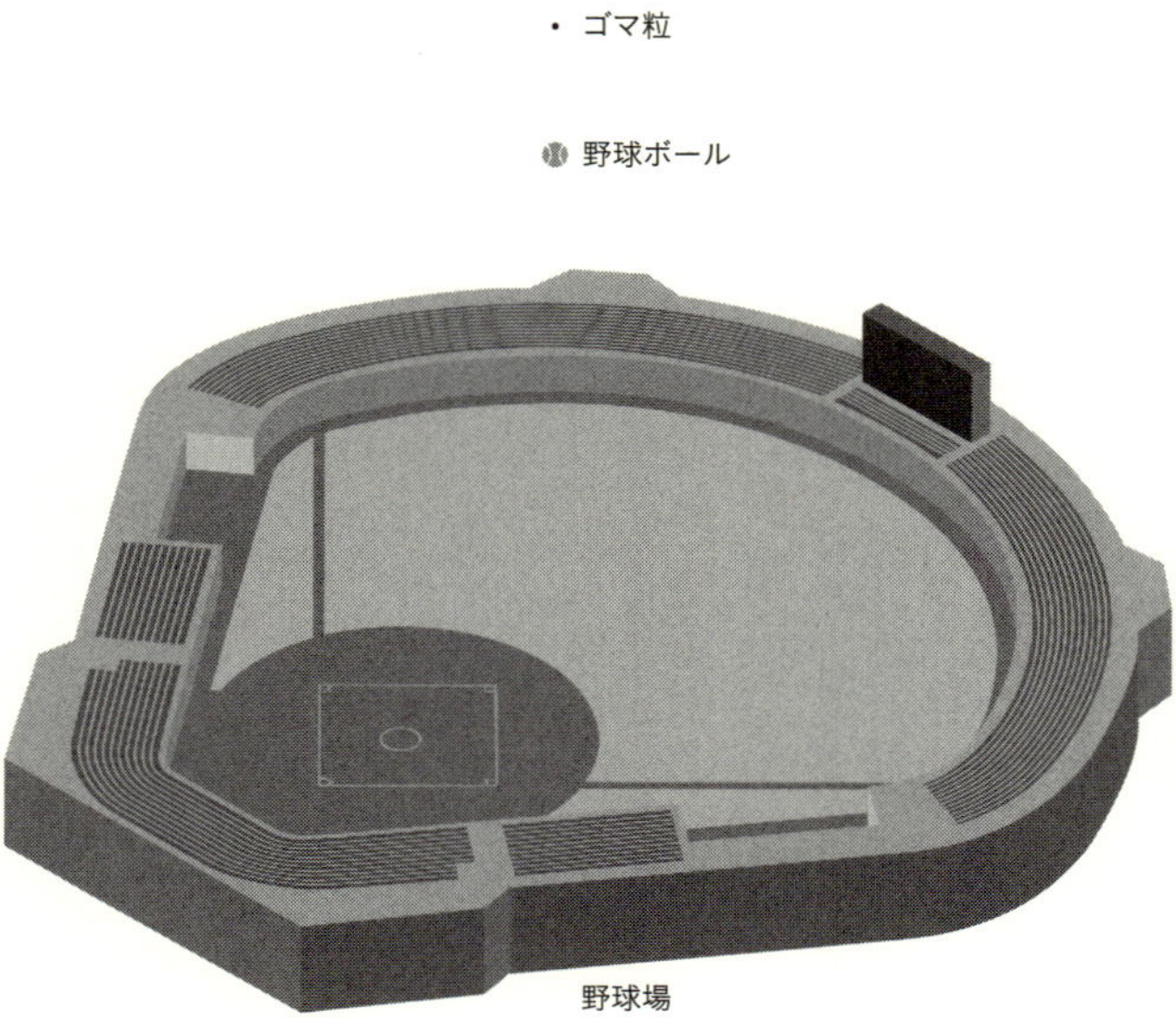

つまり、原子核と電子は相当離れたところを回っているということになります。

そして、なんと原子全体における原子核と電子の占める割合を算出すると、0・000001％になるというのです。図でいう、すき間の占める割合が99・

99999999%だというのです。

私はセミナーで、「お好み焼きの主成分は何ですか?」と聞くと、参加者の方々は「小麦粉」と答えてくれます。重ねて、「何で小麦粉が主成分だって言うんですか?」と聞くと、一番割合が多いからと答えて下さいます。そうです、その通りなのですが、主成分とは、その対象の占める割合が一番多いものです。

であるなら、原子の占める割合が最も多い、というか比較にならないほどですが、多いのはすき間です。

私達の周りにある全ての物質がこの原子で構成されているなら、不思議ではありますが、それらの99・999999%は「すき間」で出来ているのです。

あまりにも電子の回転が速く、その残像を物質として捉えているということになります。

これは、現代科学が導き出した答えです。

私達自身の肉体も当然ながら原子が集合して出来ています。

ということは例外なく、私達も「すき間」なのです。このすき間は、現代科学では「エーテル」や「ダークマター」、つい最近では「ヒッグス粒子」と呼ばれたりしています。つい先日は、ニュートリノが質量を持っているという発表がノーベル賞となりました。つまり素粒子、さらにもっと小さいとされているエネルギーです。

（追記ですが、私は物理学者ではないので、これ以上の詳細な知識は必要としていません。さらにこれ以上の詳細な知識は、「現実に変化を起こす」「可能性を実現化する」という観点でも必要ではないと思っています）。

この小さなエネルギーであり、すき間であるエネルギーを創造意識科学では「実現可能エネルギー」と名づけました。

あらゆるものが目に見えないミクロなエネルギーで出来ているということが証明された現在では、全てが「実現可能エネルギー」で創られていると言っても過言ではないのです。

空間には「実現可能エネルギー」が充満している。充満どころかミチミチに詰まっている！

そして、私達も原子の塊であるなら、実現可能エネルギーが満ちている！　ということになります。

この実現可能エネルギーが「可能性」そのものなのです！

「可能性」は遠く離れたところにあるのではなく、すでに鼻先、いや、私達は可能性と同化しているともいえるのです！

実現可能エネルギーはいかにしてカタチになるのか？

その実現可能エネルギーに創造意識が干渉すると、量子物理学が提唱する「観測者効果」（※観測者効果の説明は左記）となり、

※観測者効果とは（ウィキペディアより抜粋、引用）

科学における観測者効果とは、観察するという行為が観察される現象に与える変

化を指す。例えば、電子を見ようとすると、まず光子がそれと相互作用しなければならず、その相互作用によって電子の軌道が変化する。原理的には他の直接的でない観測手段でも電子に影響を与える。実際の観察をしなくても、電子が観測可能な位置に単に入っただけでも、理論上はその位置が変化してしまう。

物理学では、より一般的な観測者効果として、機器による観測で観測対象の状態を必然的に変化させてしまうことを指すこともある。例えば電子工学において、電流計や電圧計は測定対象の回路に接続する必要があり、それら計器が接続されることで測定対象の電流や電圧が影響を受ける。同様に温度計は温度を記録するために何らかの熱エネルギーを放出しなければならず、測定対象の温度に影響を与えている。

①電子が集中する

←

②ポテンシャルが発生する

←③場が形成される

←④エネルギーの交換が行われる

右記のプロセスとなります。これが量子物理学が提唱している現象化のメカニズムと言えます（この部分の詳細は本書の中心テーマではないので詳細は割愛致します）。

つまり、ここで言いたいポイントは、新しい意識（創造意識）が脳に受信されれば、自ずと私達は可能性に囲まれているので、新しい現実が訪れるプロセスが始まるということが物理学的にも説明出来る！　ということなのです。

しかし、何でも意識すればカタチになるのかというとそうではありません。それこそ前述の現実と理想論のギャップになってしまいます。

では、創造意識が実現可能エネルギーに干渉し、現実化するプロセスを歩む根幹は何なのでしょうか。

それは「確信」です。


あなたが確信を持っている度合がそのまま現実化への確率となります。

その確信を言い換えると自信とも言えます。

どれくらい確信を持っているかなのです。


例えば、あなたの性別が男性（女性でも一向に構いません）だったとして、世界中の誰かから性別を聞かれても男性と答えるはずです。

それは、疑われても絶対に変わらないし揺るがないものです。

例えるなら、確信とはこのレベルのものなのです。

しかし、私達が目標を設定したりして、自分よりも実績のある人や自分よりもレベルが高いと認識している人から「本当にそれは大丈夫なのか？」とか「それは違うと思うよ」と指摘されると途端に揺れてしまいます。

そのレベルの確信では到底実現可能エネルギーにあなたの創造意識は干渉して現実化のプロセスをたどることはありません。

どうしたら絶対に揺るがない確信を持てるのか。
対象に確信を持てるかどうかは、自分自身への確信が底辺となります。

つまり、「自分に確信があるか」が最重要ポイントなのです。

これを、
絶対的自己認識
絶対的自己承認

絶対的自己価値
と呼んでいます。

「絶対」ですから他と比較していません。「私は私なんだ！」という自分を認められる意識が全ての確信の大元なのです。自己承認です。

以下に参考にしていただきたいデータがあります。これは、私と共にビジョンリーダーの活動をしてくれている関西にご在住の「田中伸子」講師から教えてもらったものです。

アメリカ、中国、韓国、日本と4ヶ国で高校生に二つの質問をして、YESかNOで答えてもらったデータの統計です。以下のパーセンテージはYESと答えた学生の割合です。

Q1…あなたは価値ある人間ですか？
アメリカ…89・1％
中国…87・7％

韓国…75・1％

日本…36％

驚くべきことに、こんなに日本は低いのです。

続いての質問です。

Q2…あなたは優秀ですか?

アメリカ…87・5％

中国…67％

韓国…46・8％

日本…15・4％

これも驚くほど低い数字です。このように、日本全体でも自分を認めるということが出来なくなってきているのです。

日本を取り巻く様々な問題や課題は山積みだと言われています。

しかし私は、講師活動を全国で行う中で、最も重大な問題はこのことにあると言いたいのです。**自分を認められないのに、目標が達成されるはずもない。**私はビジョンリーダーの活動でこの数字が上がることに少しでも貢献したいと思っています。

絶対的自己認識・自己承認・自己価値を確立するには

目標達成の道理の一つに、目標を通過点とするという考え方があります。自分が到達したい地点を最終地点とするのではなく、通過点にすることで目標達成しやすくなるというものです。これは道理に合っていると捉えています。

ですので、自分を認めるということを最終地点とするのではなく、通過点にすれば、自ずと自分を認められるということなのです。

それは、「夢」ではなく「志」を持つことです。

夢は、自己満足の介入が可能ですが、志は自己満足の介入を許しません。

例えば、「私は海外に住むことが夢です！」という文章。特に違和感はありませんね。

では、これはどうでしょうか？

「私は海外に住むことが志です！」

読んでいて違和感がありますよね。


夢は自分を満足させることや自分の目標が入っても違和感がありませんが、志は自分ではない周りの人の利益となるものが基盤となっています。

つまり「利他益」です。

自分ではなく、他人のために、「人の役に立つため」に目指すものが志なのです。

自分を度外視して人の役に立とうするということは、その志に向かっているあなたは当然ながら自己承認が通過点になります。

だから、志を持つと、自分を認められるのです。

今、一番持たなければいけないのは、夢ではなく「志」なのです。

日本人が特に持たなければならないものは「志」なのです。


私は志のことを、「ビジョン」と呼んでいます。

そのビジョンを見出し、ビジョンに向かうことこそが、可能性を切り拓くことであり、可能性を実現化することなのです。

可能性を実現するのに能力や才能は関係ない!

人は、ビジョンに向かう手前で諦めてしまいます。それは、「自分には才能がない」「自分にはそんな特別な能力はない」と思っているからです。

しかし、前述の通り、情報・データがカタチになったものが可能性ですから、可能性とは別の表現をすると、「価値や質の高い情報」だと言えます。

ギターが上手に弾ける人がいて、ほとんどの方はギターの才能があったと言うでしょう。

また、野球が上手な人も野球の才能があった、野球が上手に出来る能力があったと言うでしょう。しかし、本人に聞くと全員が同じことを言います。

それは「好きだから、やり続けた」ということです。

もし、才能や能力があるとするなら、身長や手の長さ、生まれつきの筋肉のつき方。こういった物理的な肉体に関してのことだけだと言い切れます。これは、どうしたって仕方がありません。このことが可能性の実現に決定的に作用する分野はほんの一握りです。

可能性の実現とは、今あなたが持っている情報の価値と質を高める行為ですから、その前提であれば、本人の才能や能力とは無関係になります。

ギターの上手な人、野球の上手な人、研究に没頭した人。これらの方は、意欲的に能動的に物事に取り組み続けた結果、大きな評価や実績となっているだけで、結果から見れば才能や能力に見えることも、全て「本人の意欲」、これに尽きるのです。

つまり、自分が持っている情報の質や価値を高めた結果なのです。

あなたの持つ情報の質と価値を高めること。これが可能性開発です。

その可能性を実現化するプログラムの内容にいよいよ入っていきたいと思います。

第4章

自分を知る

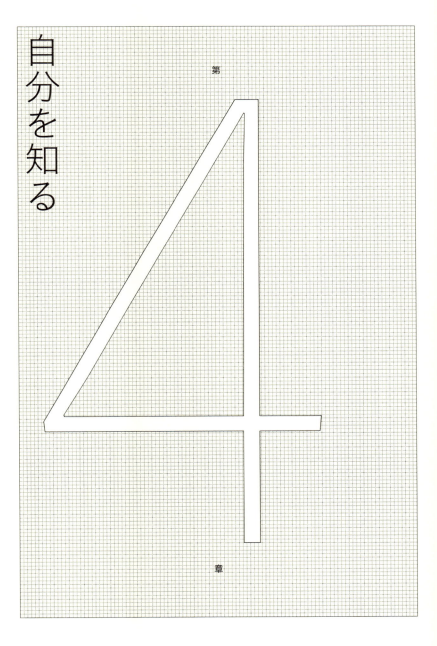

可能性開発プログラムにおける可能性実現チャート

「可能性開発プログラム」は「可能性実現チャート」（巻末に掲載）に沿って開発していきます。この可能性実現チャートを別名「成功へのアルゴリズム」と呼んでいます。アルゴリズムとは「手順」と訳していただければいいと思います。つまり、成功への手順です。要約して「成功の道理」と定義します。

私がまず伝えたいのは、世の中には様々な法則が語られていますが、大切なのは法則ではなく、「道理」であるということです。

ここはとても重要な要素で、手順や道理の中にその法則が内包されているのであって、法則そのものが大切なのではないということなのです。

これも私が長年カウンセリングを行ってきて痛感したことでした。

例えば、味噌汁はお湯に味噌を溶かすことで出来上がる。これは味噌汁を作る上での法則です。しかし、主婦なら当然のごとくご存じだと思いますが、最初に味噌は溶かさない。味噌を溶かすのは最後です。

それは、最初に味噌を溶かすと煮詰まって味噌本来の風味が損なわれ美味しくなくなるからです。もし、法則が絶対なら、お湯に味噌を溶かせばいいだけのこと。しかし、大切なのはその順番・手順です。美味しい味噌汁を作るためには、味噌を溶かすのは最後。

カウンセリングでも全く同じことで、やれ感謝しましょうとか、受け入れましょうというのは確かに心理学的には大切ですが、感謝するまでの順番・受け入れるまでの手順が大切なのです。

例えば、旦那さんが奥さんに向かってぶっきらぼうに何かを頼む。奥さんは嫌な気がする。旦那さんは謝る。この場合、旦那さんの手順が間違っています。最初に謝ってから頼むとスムーズに行きます。

「おい、あれ取ってくれ！」

「今、忙しいから後にしてよ！」

「そうか、すまんかった」

こうなってしまうのが、順番を変えると、

「忙しいのに、すまんなあ、あれ取ってくれないか」

「あー、はい、分かりました」

となります。

これはただの一例で、言いたいことは、法則よりも手順・順番が大切であるということです。

別の言い方をするとタイミングです。

物事に絶対的に重要なのはタイミングだと言い切ってもいいほどです。

ですから、「成功へのアルゴリズム（手順）」なのです。

道理が最も重要なのです。道理に合っていなければ当然カタチにはなりません。

では、成功とはいったい何か？

ここで、読むのを止めて、書き留めて下さい。

あなたにとっての成功とは何か。

ここでは、成功というキーワードの正解を問いたいのではありません。あくまで、あなたにとっての成功とは何かをアウトプットして欲しいのです。

入力と出力との関係で、生物学的にはどちらが先でしょうか？

それは「出力」です。

生まれた時は、オギャーと息を吐きながら生まれて来ます。これは、出力です。そして、この世を卒業する時は「息を引き取る」。これは入力です。

ですので、**出力を前提としない限り、入力はされません。**何かを勉強したり、知識を得たりする時はその情報を何に使うのかを明確にしていない限り入力されないのです。出力（アウトプット）すればするほど、入力（インプット）されます。学習のポイントは出力（アウトプット）であると知って下さい。

さて、成功について、書き留めてもらえましたでしょうか？

様々な答えがあることと思います。一般的に成功というと、「経済的に豊かになること」と「何かを達成すること」が挙げられます。

しかし、私がここではっきりと提唱したいのは、今あなたが書いたその「成功の定義」が正解だということです。

あなたの人生で今まで様々なことがあって、それを乗り越えてこられました。そこには大きい小さいはありません。どんなに小さいと周りから評価されることだって構いません。あなたが乗り越えたステキな出来事です。あなたが乗り越えなかったら今のあなたはないのです。

私はたくさんの方のカウンセリングをする中でそのことに気づきました。そして、当時崇拝していたメンターの教えを研修や教材というカタチで提供し続けたからこそ分かったことがあったのです。

大切なのは、「あなたの考え」です。何よりもこれが大切です。

なぜ依存してしまうのか

私は、「人生に正解があるのならば、何かに依存することなく、自分自身の考えを持って人生を生きることである」と考え、この考え方を「自己哲学主義～セルフフィロソフィズム～」と提唱しています。

私がカウンセリングを行う中で、「自分の考え」を持てないクライアントは良くならなかったのです。

では、なぜ自分の考えが持てないのか。

それは「依存」しているからです。

自分の考えを持てない人は何かに依存しています。依存とは「他のものに寄りかかり、それによって成り立つこと」という意味です。自分だけで成立しないのです。

私は依存している人の特徴を自分も含めよく知っています。なにせ、私自身が完全にメンターに依存していたのですから。

依存しているということは、自分の存在よりも上位にその依存している対象を置くということになります。いわゆる自分よりもその依存している対象のほうが価値があるのです。その結果、自分よりも下位にそれ以外のものを置くことになります。

これによって生まれるのが「比較観念」です。これは良い、これは悪い。これは正しい、これは間違い。これは役に立つ、これは役に立たない。これは素晴らしい、これはダメ。

こういった考えが出来上がります。その結果、ヒエラルキー（階級思考）が生まれます。

よく心理学やスピリチュアル系の教えで、物事を比較してはいけないと言われますが、その根底は「依存」から来るのです。

人はまず、自分よりも上位に価値を置き、そして下位に価値を置く。この順番なのです。いきなり自分よりも下位に置かないのです。自分という価値よりも高い価値を置くからこそ、自分よりも価値が低いものを存在させてしまうのです。

これが差別の始まりです。ですので、依存がなくなれば、自ずと差別もなくなります。差別をなくすには、その人の考えから上位に置いている価値をなくすことです。

また、依存している人は、依存している対象のもの以外を受け入れません。そして、その依存している対象にとって良いか悪いかを考えます。

例えば、その依存している対象が人だったとしたら、その人が正しいと言っていることが正しいのであって、それ以外は間違いとなります。これが、キリスト教徒が仏教を受け入れない図式であり、その逆も同一です。そして、常に自分は合ってるのか、間違っているのかを依存対象を基準に考えなければなりません。常にメンタリティとしてはおびえている状態です。

そして、依存している人は愚痴、不平、不満、批判を口にします。これも単純なメカニズムです。依存している対象が自分にとって有益な時は感謝します。しかし、それが自分にとって有益でないと分かった段階で愚痴や不平・不満・批判となります。

依存している人は前述の「絶対的自己認識・絶対的自己承認・絶対的自己価値」を見出すことは出来ません。なんせ自分よりすでに価値あるものがある訳ですから。

「すごい先生がいるの！　本当にすごい先生なの！」

と言っていた方が時間が経って、

「あの先生、最悪だった。あの先生ひどい人だったの……」

となります。

または、

「すごいビジネスがあるんだよ！　聞いて！」

と言っていた方が、

「あれ、騙された。最悪だよ！」

と言っていたり。

自分で選択したにもかかわらず、有益でないとなった瞬間に批判になります。それらも依存から来る思考なのです。


では、なぜ依存するのでしょうか？

それは、自分で考えなくていいからです。

これほどまでに楽なことはありません。考えるということは相当なエネルギーが必要です。依存していれば、考えなくていい訳で、現代人にとって、これほど楽なことはないでしょう。問題と向き合わなくて済みますし、自分と向き合わなくて済むのですから。自分が劣っていることを実感しなくても済みます。

また、自分で考えた結果、それが間違っていたとなれば自分にかかる心理的なダメージはとても大きいものです。でも、自分で考えたのではなく、尊敬しているあの人が言っていることとなれば、自分の責任ではなくなります。これほど楽なことはないと思います。しかしそうではなく、**自分で考えないことがどれほど人生に不利益を与えるのか、そのことを知っていただきたい**のです。

当然ながら、創造意識覚醒とはなりませんし、新しい情報が生まれることもありません。常に与えられる側に自分を位置づけたことになります。

あなたの人生はあなたが主役なのです。主役であるにもかかわらず、そこにはあなたではない人がずっと出演している。そんなバカな話があっていいものでしょうか？

ドラえもんが主人公なのに、ほとんどドラえもんが出てこないアニメ。あなたが主人公なのに、あなたがほとんど出てこないドラマ。

私は、決して尊敬の念を持たなくていいと言っているのではありません。あなたの人生において、あなた以外の人は全てあなたという人生のドラマの「キャスト」に過ぎないと言っているのです。

あなたが尊敬し、崇拝している方がいても構いません。あなたがとても必要としているものがあっても一向に構いません。しかし、それらはあくまで「キャスト」なのです。そのことを自覚しない限り、あなたの人生は始まっていないと言ってもいいですし、可能性開発には至りません。

あなたの人生の点を線にするには、あなたがあなたの人生を自分の足で立たなければならないのです。

それが、「あなたの考えを持って下さい！」ということなのです。

もちろん、あなた独自の考えでなくて大いに結構です。しかし、誰かから素晴らしい話を聞いたとしても、本で読んだとしても、それをあなたの考えにしていただきたいのです。その際に、絶対にその考えに至ったルーツは明らかにして下さい。これはマナーであり、このことこそが「尊敬の念」の表れです。が、あくまであなたの考えとして組み入れて欲しいのです。

あなたの経験から導き出されたあなたの考え・哲学。これを持ってこそ、あなたが自分の人生を歩いているという証明なのです。

依存からは可能性は生まれない

たくさんのクライアントの中で、自分の考えを持つに至った方はどんどんその方の望む方向へ進んで行かれました。しかし、依存から抜けない方は他に依存する対象を探し、同じことの繰り返しでした。

そして、カウンセラーとして、クライアント全員に共通する答えがないことも分かりました。クライアント1人1人の悩みは全員バラバラで、その問題に対しての、それぞれのその人の答えなのです。

その答えは、「正しい・間違い」や、その後「有益になるか・ならないか」が基準ではなく、いくら損したってクライアントの考えに沿ったものが答えとなるのです。ですから、自分の考えがない人は答えが出ないのです。ここで私は、「全員に共通する答えなどない。クライアントの考えに合致するものこそが答えだ」と気づきました。

あなたの人生を凝縮したあなたの考え・哲学。それを持つことを「自己哲学主義〜セルフフィロソフィズム〜」と呼んでいます。

まさしく、脱・依存です。**依存からは可能性は生まれない。依存した状態では、あなたである価値がなくなってしまう**のです。

あなたの人生を通して培った、構築した考えを、あなたの愛する人や大切な人、子供や孫に語って欲しいのです。どこかのセミナーで聞いてきた、どこかの本で読んだ内容だけを拠りどころにするのではなく、あなたの考えを語って下さい。

それこそが、最良の教育であると確信しています。

私は強く主張します。

あなたの人生であなた以上にすごい人はいない。

あなたの人生であなた以上に価値あるものはない。

おとぎ話のようなものになって、現実離れしてしまいますが、もしイエス・キリストが現在生きていて、先のことを伝えたとするなら、きっとキリストは「ＹＥＳ！」と言うと思います（ちょっと冗談が過ぎましたか）。

「そうなんだよ、私の言ってることを信じろと言いたいのではなく、１人１人が自分の考えを持って生きて欲しいと言いたかったんだ！」と言う気がしてなりません。

また、釈尊も同じではないでしょうか？　釈尊の言葉で以下のような言葉が文献に残っています。

己こそ己の寄る辺
己を置きて誰に寄る辺ぞ
良く整えし己こそ
真得難き寄る辺也
自ら悪を為せば
自らが汚れ
自らが悪を為さざれば

自らが清し
清きも清かざるも
自らの事也
他のものによりて
清むる事を得ず

まさしく、自己哲学主義です。

平たく言えば、「自分で考えろ！　それしか頼るものはないだろ！」と言っています。

私は、何かのセミナーで勉強するのではなく、あなたの経験から体系立てられたあなた独自のものを語るべきだと考えています。これは全ての人が該当します。もう、優れた人だけが語る時代ではなく、全員が語れるものを持っていることに気づくことだと確信しています。

ですので、全員がセミナー講師となって、自分の人生観を語る。その人にしか語れないものがある。その人からじゃないと聞けないものがある。それがあなたであることだと思っています。

経済で大成した方の話を何回聞こうが子育ては上手くなりません。子育てのことはあなたの周りにいる子育ての先輩であるお母さんや親戚といった方々から聞くべきなのです。それは、その人の経験を通した尊い教えです。絶対にハズレはありません。

あなたにも必ず誇れるもの、あなたしか語れないものがあります。それをセミナー講師となって語って欲しい。

そのセミナーの最小単位は家庭です。あなたの哲学を子供に話す。もう、説教はいりません。家庭でセミナーが開催される。もう宗教に依存することもありません。教祖はあなた。そして、信者はあなた。布教はしない。これってとてもステキだと思いませんか？別に誰しもが他人を呼んでお金を取ってセミナーを開催して下さいと言っているわけではありません。ですが、そうなったらとても素晴らしいとも思います。

誰しもが自分の誇れるものを表現するフィールド、それが日々の生活、人生であっていただけたらと願っています。

成功哲学・自己啓発は出口がない

私は長年に渡り、研修会社で活動する上で業界そのものに大きな疑問を抱いていました。それは、出口がないということです。

つまり、自己啓発研修や成功哲学の研修を受けても「それで?」と言われると何も反論が出来ないということです。例えば、大学で医学部に行かれている方の出口は医師などの医療従事者としてのライセンスや勤務です。資格を取ろうと勉強されている方はその出口はその資格が生かせる職業だったり役割だったりだと思います。

こと、この自己啓発業界は、受講したり、参加するメリットのほとんどが精神的充足や知識が増えたことだけであって、受講後に日常生活で具体的なカタチに出来る方がほとんどおられないのです。

また、提供側としても、そこに関しては、講演や研修を提供することそのものがゴールであり、受講者のその後についてはは真剣に取り組んでいないのがほとんどなのです。フォローが充実しているといっても、その自己啓発的なフォローをされても活用出来ない知識が増える一方です。

大半の自己啓発会社はこういったところです。

参加者はテクニックや知識を得るために研修を契約します。そのテクニックを学んで日常の何らかの課題や悩みをクリアするために参加されるのでしょう。皆さんの中でそういったものを受けたことがある方もおられるかもしれません。

それらは決して安いものばかりでなく、むしろ高額なものが多い。数万円~数百万円に及ぶものです。

しかし、そのセミナーを受けて日常で活用するかどうか、成果につなげるかどうかは参加者次第なのです。もちろん、このビジネスモデルが間違っているとは言いません。需要と供給が成立しているのですから、双方問題ないのだと思います。しかし、普通のサラリーマンや主婦が何百万と払い、その結果離婚になる方まで実際にいるのです。

正直これは、ギャンブルで負けている人が、賭け続ける心境と一緒です。ここまで払ったし、入り込んだのだからここでやめるわけにいかない。そして、**依存心が強くなり、学**

習していること、受講することが目的となり、またそのセミナーを周りに紹介することが目的になっていくのです。これは本末転倒です。

前述しましたが、きっかけは変化させたいリアルな現実があったはずです。この一連の流れが私はとても違和感がありましたし、嫌でした。しかし、会社側からすると売上のことがありますし、当然ながら、まだ全く知らない方にオススメして契約していただくよりも、すでに参加された方に提供するほうが営業面で考えるととても簡単で楽です。

そして、そういった研修やセミナーはステップが進むにつれてどんどん高くなっていくのが基本です。

セミナー会社というのはこういった側面がいまだにあるのです。そして、とどのつまりは、その研修の出口は、その会社のインストラクターになることなのです。

受けたことがない方には想像出来かねるかもしれませんが、こういった研修会社には宗教性があり、最初は自分の悩みを解決することが目的だったにもかかわらず、問題がすり替わってしまい、その会社になんらかのカタチで所属することになるのです。出口としては、狭すぎる出口です。

つまり、たとえるなら、美容院に髪を切りに来た方全員に美容師になりましょうといっているのと一緒なのです。そして、この店を紹介することが素晴らしいことなのだとすり込んでいくわけです。

その結果、その方が本当に輝いて日常が大発展していれば問題はありません。ところが、ほとんどのケースが大金を使い、身近な人間関係がボロボロになっていく方も少なくありません。そして、提供側としては、「それでいいんですよ」とクライアントに言い聞かせるわけです。

自己啓発業界の問題点

そして、そういった会社では、講師だけがティーアップされて素晴らしい存在であり、参加者、聴講者は講師よりも下位であるという位置づけになっています。講師だけが素晴らしく、聴講者はいつもその下位にいるという図式。講師は聴講者のために語っているはずなのに。

いつも講師が中心で輝いていて、参加者はその盛り立て役という図式になっているのです。全てがそうだとは言いませんが、自己啓発会社はそういった図式が多いのです。講師は参加者のためにやっているはずなのに、参加者の方が上手くいかないと「講師の言うとおりやっていない」ということになるのです。クライアントやお客様、参加者が中心であり主役であるはずなのに。

もし、クライアントが上手くいっていないのであればそれは「講師の責任」です。講師が、伝え方や、また伝えている内容・自分の人間性を見直すべきなのです。お金を払って参加している方は、自分が投じた時間や費用に対して、「最悪だった」なんて思いたくないですから、「良かった」と言ってくださいます。特に日本人はその傾向があります。

しかし、講師側が自分の提供しているものを自賛することは私はタブーであると伝えています。

講師が自分の提供していること、自分の話が正しい、全てだという思考になり、そういった側面から指導をしたりすることを私は「講師病」と呼んでいます。

この「講師病」にかかっている方が非常に多いのです。

私は現在の会社で講師育成を行っておりますが、少なくとも私が養成する講師の方々には「講師病にならないこと」、この点は口がすっぱくなるほど伝えています。

ですので、依存する参加者にも責任はありますが、依存させている講師側にも責任があると私は考えています。

そして、もう一つの問題は、講師としての素晴らしさを評価する大半が、大きな実績や経済的に大成した講師のみが素晴らしい講師であるという図式です。この図式があるから講師と参加者に大きな隔たりが出来るのです。

あんなにすごい人、あんなにすごい先生。そして、私はそれほどでもない。前述したヒエラルキーはこの結果生まれるのです。

私は、講師は務めて参加者より下に降りるように徹底すべきだと考えます。一言で表すなら「謙虚」です。一言で括りきれませんが謙虚が講師として立つ上で必須であると私は考えています。

ですので、特別な講師などいないのだというところから出発すべきです。そして、それはあなたも他の講師と同じように確信を持って語れる、伝えられる、そしてその結果それを聞いた方が喜んでもらえることが絶対にあるのです。それは、何十万円と払ってセミナーを聞きに行くそのセミナーの内容と、あなたが確信を持って語れることは、それを必要としている方からすると、同じようにとても価値あるものなのだと言えるのです。

前述しましたが、「子育ての悩みは偉人に聞くな。近くの先輩に聞け」なのです。

講師になるために必要なのは「台本」だけ

あなたがあなたの哲学から見出されたその方法。では、その方法を人に語る上で必要なのはいったい何でしょうか?

ほとんどの方が「私が人に伝えるなんてとんでもない、無理です。やったことがありませんから、出来ません」とおっしゃいます。当然ですね。いきなりスラスラとやられてしまったら、私の立場もありません（笑）。

さて、その時に必要なのは多くはありません。

たった一つだけです。

それは、「台本」です。

台本さえあれば、どんな方だって話すことが出来ますし、語れます。

そのクオリティは練習やテクニックに比例します。が、台本さえあれば、誰でも出来るのです。

例えば、あなたが役者だったとします。台本がなければ全く何も出来ませんが、台本さえあれば、台詞さえ明確になっていれば出来るはずです。

繰り返しますが、クオリティは別問題です。それはその次のステップになりますから。

ここで言いたいのは、誰にだってすぐに始められるということなのです。

必要なのは、あなたの人生観。そして台本。この二つさえあれば、誰だってセミナー講師になれるのです。

そして、その経験は必ず誰かの役に立ちます。

私は、どんな人でも、意思・意欲さえあれば、講師として、また、ご自身の経験を表現する人として活躍していただくためのサポートを行っています。あなたの経験をヒアリングして、そこから体系立て、そして、台本を作る。そして、必要であれば、講師としてのスキルやテクニックをお教えしています。また、表現する時のポイントをお教えしています。正直、この表現するポイントやテクニックに関しては、様々な書籍が売られていますが、書籍では分からないというのがほとんどです。これらは実際に「生」で伝えないと伝わりません。

私はそういった講師の方々の活躍の場を拡げていきたいと活動しています。そういった方々の情報がたくさんの目にとまるようになれば「人生に役立つ情報、人の役に立つ情報」

の集合場となります。

それは難しいことではなくあなたの語れるものがあればどなたでも可能です。そして、そのあなたの経験をもし商材やテキストとして提供出来たとしたらどうでしょうか。

全国で埋もれてしまっているダイヤの原石のようなあなたの体験や経験。それを誰しもが触れられるフィールドに置くことでたくさんの方々の役に立てます。

想像して下さい。自信のない、これと言って特徴がないとされている方が、自分の経験を何らかのカタチで発信して、誰かがそれを見て興味を持って、あなたの商材を購入したとします。その数がたった一枚だったとしてもその時点で全世界で活躍している講師達と同じフィールドに立ったことになります。

後は数の問題です。そのフィールドに立ったことがどれほどの本人の人生に影響を与えるのか。その後その方はどれほど自分に自信を持って生きていけるのか。

アップル社が提供しているアイフォンは、アプリストアというのがあり、誰でも開発したアプリを掲載出来るプラットホームとなっています。ＬＩＮＥというＳＮＳではスタンプを作れば誰でも掲載出来る。

そして私は、こういったものと同様に、あなたの経験というかけがえのない情報の価値と質を高めて、発信出来るフィールド創りを行っていきます。

このフィールドは全ての人の出口となり、そして、発信している人全てが主役なのです。

私は今後、可能性開発とその可能性を表現出来るフィールドを拡げていくことを使命として活動して参ります。そして、たくさんの方に光を当て、たくさんの方にそのステキな情報を届けていくことを具体化して参ります。

さて、自己哲学の重要性は伝わりましたでしょうか?

あなたが今の考えや哲学に至ったまでの経緯は、艱難辛苦があってのことと思います。

自分の考えがある方はそれに至るまでにどれほど大変だったか、自分が一番実感していることでしょう。だからこそです、他人の哲学を「違う!」の一言で一蹴することはなくなります。

「あ~、この人も自分と同じように大変な思いからこの考えに至ったんだろうな、そう考えるととてもステキな考えだな」と思いやりの気持ちが湧いてきます。**自己哲学を持てる**

人は思いやりを持てるのです。

思いやりのない人は性格や人格が歪んでいるのではなく、自己哲学がない人なのです。「可能性実現チャート・成功へのアルゴリズム」の第一歩は自己哲学を持つことなのです。

成功の定義とは？

成功の定義に触れていきたいと思います。

現代は価値観が変わってきていて、経済的充足ではなく、精神的充足を重視するようになってきました。私の経験から**成功とは「充実感・満足感・達成感」、つまり幸福であると定義したい**と思います。

さて、少し科学的な話を入れますが、人が幸福感を感じる時は、脳内ホルモンである「ドーパミン」が分泌されている時であると脳科学で証明されています。つまり、幸福を感じている時はドーパミンが分泌されている。ドーパミンが分泌されている時は幸福を感じているということです。

幸福感＝ドーパミンです。人間であるならば、幸福を感じる上でドーパミン以外はありません。

では、ドーパミンはどんな時に分泌されるのでしょうか？

ドーパミンホルモンは報酬系ホルモンと言われており、何かを得た時に分泌されるホルモンであると言われています。

以下がドーパミンが分泌される状態です。

1. 得た時
これは、とても単純で、生理的に欲求しているもの、つまりお腹が空いた↓空腹を満たした。眠たい↓睡眠を得た。気持ち悪い↓気持ち良くなった。など、欲求が満たされた時にドーパミンが分泌されるということです。

2．得られると分かった時

これは1に知性が加わったと解釈出来ます。つまり、もう得られるということが分かった時点でドーパミンが分泌されるということです。お腹が空いている時に商店街を見渡したら、食堂があった。お金も持っている。食堂に行けば食事にありつける。と言うことで、食堂を見つけた瞬間にドーパミンは分泌されます。山登りをしていて、疲れがピークになっていても「山頂まであと500メートル」という看板を見た瞬間に元気が出るのも同じ作用ですね。知性が伴い、今は得ていないけど、この過程を踏めば得られるということが分かるとドーパミンは分泌されるのです。

3．得られると分かっている可能性を追い続けている時

ここが一番伝えたいところです。これはつまり、**志・ビジョンを追い掛けている時にドーパミンは出続ける**ということなのです。

自分の志やビジョンを追いかける上で絶対に達成不可能であれば、追い掛けることはしません。ビジョンに向かっている人に聞くと「出来るかどうか分からないけど追い掛けた

い」などと言いますが、１００％出来ないと本人が分かっていたらやめます。ということは、３は、２が大きくなったものであると言えるのです。

つまり、人は、ビジョンを追い続けている時こそ、幸福で在り続けられるのです。

幸福で在り続けたいなら、何かに依存するのではなく、**自分の本当にやりたいことを見つけ、それに向かうこと。それのみが幸福で在り続けられる**ことなのです。

つまり、成功へのアルゴリズムとは幸福への手順であり、そのために絶対必須は、「志、ビジョン」なのです。

創造からビジョンへ

「可能性実現チャート」で、創造↓ビジョンへの図式をもう少し説明します。

創造とは、別の言い方をすると、「意思」「決断」「覚悟」です。自分で考えることとも言えます。自分の考えが持てない人はビジョンは見えてきません。他人から目標を与えられたって、それをどうしても達成しなければならない動機がありませんから達成しません。

物事を達成出来る方は、自分の考えを持ち、そこからビジョンを見出し、行動した人なのです。

私は、先ほど申し上げた脳のメカニズムから考えるに、人が生まれて来た理由とは「自分の人生に可能性を見出し、その可能性を達成するために生きることである」と定義しています。

そうでないなら、幸福を司るドーパミンホルモンが分泌される状態の理由の説明がつきません。

人間とは、ビジョンを見出し、そこに向かって生き、そして様々な体験から成長していく動物であると確信しています。

そのためにも、まず自分の考えを持つこと。すると、そこから角度を変えて考えると自ずとビジョンは見えてきます。

よく、ポジティブだの、ネガティブだのと言われていて、ポジティブに考えようとか、プラス思考だとか言われますが、私は大いに疑問を持っています。

その人にとってプラスであったり、ポジティブであったりはその人や場合によって違うからです。一概にこれがポジティブであると定義出来ないのです。

明るいことがポジティブなのでしょうか？

ずっと明るいことがポジティブ？

失敗しても前向きに考えることがポジティブ？


はっきり申し上げます。違います。


では、前向きとは何か、また前とはどこなのか。

それは、ビジョンに向かっている方向です。ビジョンに向かっている方向があなたにとっての前です。ですので、ビジョンを見出した人は前向きに考えようとしなくても前向きなのです。人生に意欲的な人、パワフルな人、失敗しても立ち上がれる人。そういった方に共通しているのは、ポジティブ思考でもプラス思考でもありません。それは結果的にそうであるだけです。それらの人は「ビジョン」を追い続けている人なのです。ビジョンが見出されたら、途端に人生の全ての失敗はビジョンへの材料となります。失敗しても当然次に挑戦します。だって、ビジョンに向かっているのですから。ビジョンが見つかれば、今までの人生の点がつながって線になります。

プラス思考やポジティブ思考を勉強する必要などないのです。人生にビジョンを見出せば後は自動的に前向きな考えになるのです。

前述した、意識の角度変換「創意工夫」は、ビジョンを持てば自ずと行われることなのです。

可能性はどこにあるのか

成功へのアルゴリズムの第一番目の「創造」がご理解いただけたことと思います。創造からビジョンへとつながる。創造とは、新しい情報やものを作ることであると同時に考えを創ることなのです。その考えの中に、創造の中にこそ、「可能性」があるのです。今知っている情報の延長には一切の可能性はありません。新しい情報の中にこそ、可能性は生まれるものなのです。創造した時に可能性は生まれる。創造意識が実現可能エネルギーとアクセスした時に可能性が具体化するプロセスが始まる。

そして創造の向こう側にビジョンを見出した、そのビジョンを通して可能性が見えてくるのです。

何か新しいことやものに出逢うと、人は自然と次のことを想像します。とてもシンプルな話で、友人から食事に誘われて行ってみたお店がとても良かったら、次に誰かと一緒に行こうとされるはずです。日常でこんなようなことは頻繁に起こりますよね。

新しいお店＝あなたにとっての新しい情報。つまり、ここでいう「創造」となります。それはあなたにとって、可能性が生まれたということです。すると自ずと次に誰かと行きたくなる＝ビジョンが見えた、可能性が見えたということになるのです。

ビジョンに大小はありません。未来に可能性が見えたら、迷わず「GO！」です。そのビジョンが、前述のように、志のレベルまで高まったとしたら、そんな幸せなことはありません。

創造の中に可能性が生まれたら、ビジョンを通してその可能性を切り拓く。そしてシナリオを描き、行動して可能性を具現化する。見えたら、何も悩まずただ無我夢中に追い掛けて下さい。それほどまでにビジョンを見出すことは大切なことであり、可能性が生まれることは人生にとって最大の好機なのです。

ビジョンとは公園で遊ぶ犬が追い掛けるゴムボールのようなものです。成功した方の全員は、見出したビジョン・可能性に夢中になって取り組んだ人達です。今、あなたに必要なのは、ゴムボールです。飼い主がボールを投げると犬は夢中になってボールを追い掛ける。どんな障壁もいとわない。ただボールを追い掛ける。そのゴムボールがあなたにとってのビジョンであり、あなたの人生をこれ以上なく輝かせるものであり、あなたの人生の可能性を最大限に切り拓くものなのです。

人生にゴムボールを見つけて下さい。

心理メソッドは一時しのぎに過ぎない

私は、長年の経験から次のことを確信しています。

自己哲学、つまり自分の考えを持てず、ビジョンが明確になっていない方が心理テクニックやメソッドを身につけることは長期的に見るとクライアントの大きなデメリットになるということです。


クライアントにこんな例がありました。

その女性は社会人になって会社に勤め、OL3年目の方でした。小さい頃から内向的ということで、初対面の相手の目を見て話が出来ないという方でした。

そのことをクリアしたいということで、私は相手の目を見ても緊張しないという心理テクニックをお伝えしました。概要だけ簡単に記述しますと、相手の眉間を見るというメソッドです。

これは、相手には目を見ているのか、眉間を見ているのかは悟られません。さらには、こちらは相手の目ではなく眉間を見るので、あの目と目が合っている独特の緊張感が訪れないのです。また、相手の目線や目の色の影響をこちらが受けることもありません。ですので、緊張せずにあたかも目を見ているかのように、相手と話が出来るのです。これはテクニックとしてはとても簡単でなおかつ効果的です。

その女性は、そのメソッドを素直に実践してくれて、数日の間に伏し目がちの態度が改まり、周りから最近明るくなったね！　と言われるようになり、とても喜んでいました。当然私もとても嬉しかったです。

しかし、その時私はまだまだ経験が未熟でした。

その女性はその後、恋愛にまで発展する異性の関係が持てるようになったのですが、その男性と向き合えないのです。心の奥深くのどこかで逃げている自分がいるのだと相談されました。

その後、その方は別れることになります。なんとなく言葉に表せない違和感を互いが払拭出来なかったのです。

その時に私はクライアントと共にとてもショックを受けました。

今になって確信的に言えますが、**心理テクニックやメソッドを身につけたことによって、確かに目の前の悩みはクリアされますが、その悩みを抱えることとなったもっと深い課題から逃げたことになる**のです。つまり、先ほどの女性の例でいえば、なぜ人の目を見ることが出来ないのか？　という課題は残ったままなのです。そして、その課題は異性と交際した時に表面化したのです。

これは、私の苦い経験のほんの一つです。

私は脳科学の観点からも考えて、人生にはその方の乗り越えるべきテーマや課題があると提唱しています。私はそれをライフタスクと呼んでいますが、心理メソッドや心理テクニックは確かに役に立ちますし、必要だと思います。私も講演の中で紹介することもあります。が、その前に**最も大切なのは、自分の考えを持ち、人生にビジョンを見出すこと**なのです。

それなしにテクニックやメソッドに走っては、本当にクリアすべき課題が見えなくなります。ですので、**近視眼的に目の前の悩みや課題をクリアしたいがためにそういったものを学ぶことは、長いスパンで考えた時にデメリット**なのです。

確かに課題と向き合うのは苦しいかもしれません、辛いこともよく分かります。苦い体験、苦しい体験を積み重ねないといけないかもしれません。しかし、その体験はビジョンが見えた時に必ず財産となります。

書籍やセミナーなどで様々な団体や講師が語っている心理テクニックやメソッド。これらは決して普遍的なものでも特別なものでもありません。あなたにも経験からこうしたほうがいいという方法を持っているはずです。どんなジャンルでも、どんな些細なことでも構いません。

主婦であれば、料理はこうしたほうがおいしいとか、長く保存が効くとか。仕事であれば、こうすれば早く仕事が片づくとか、ストレスが溜まった時にはこうやって発散しているとか。

それらと書店やセミナーで語られている方法論は全く同一なのです。ある人が、ある分野で一生懸命になってどうしたら上手くいくのか、どうしたら効率が上がるのか、どうしたらクリアされるのかを真剣に考え、苦肉の策でたどり着いた。または、そんな中でぱっと思いついてやってみたら上手くいった。次もやはり上手くいった。そういったものが方法論・メソッドとして提供されているものなのです。

ですので、その方が、その方法論やメソッドを体系立てるまで、見出すまでのプロセスがあってこそ具現化したものであるというのが大切なポイントなのです。

つまり、その人の哲学及び経験が「方法」というカタチになったものなのです。その方法が法則やメソッドと称して、提供されているに過ぎないのです。

簡単な図式にすると次のようになります。

生き方（概念）⇓思考⇓行動⇓結果（成果）

このように、思考や行動や方法を変えたところで、その根幹となっている生き方やその方の抜本的な概念と不一致を起こしていると、その方法論や思考は不具合が生じ、結果につながりません。

この流れが違和感なく、矛盾なく流れた時に最終的な着地点として結果や成果があるのです。

ですので、同じことを学んで、実践して、結果の出る方と出ない方がいるのは当然なのです。

どれほど自己哲学が有益なのか、またビジョンを見出すことが重要であるのか、お分かりいただけたら幸いです。

第5章

可能性を見つける

可能性を開発するパート「創造」

「可能性実現チャート」の中で、可能性が開発されるパートは「創造」です。ここを可能性開発パートと呼んでいます。

ビジョンリーダーが提供する創造意識覚醒トレーニング（Awakening of Creative consciousness Training～ACT～）では「可能性開発シート」を使って、その方の可能性を見出していきます。

この「可能性開発シート」はまだまだ進化途中ですが、基本となるポイントは変わりません。ぜひ、あなたもこの機に可能性開発に触れてみて下さい（巻末に掲載）。

では、可能性を見出すための創造の8つのポイントを公開します。

この8つのポイントは可能性を見出す時の絶対必須です。この8つの中で大別して4つずつの2ブロックに分けています。

第1ブロックが「可能性要素記述」です。
これが、以下の4項目となります。

1. 自分の環境を活かせること
2. なりたい自分になること
3. 大好きなこと
4. 自分の才能を活かせること

この4つの要素に可能性となる要素が入っているのです。
4つの要素を明らかにし、続いて第2ブロックとなります。
「可能性の抽出」です。これが以下の4項目となります。

5. 人の役に立つこと
6. 希望であること

7. 未来にあること
8. 本物であること

この8つから確実にあなたの可能性が見出せます。もっと言うならこの8つでしか、実現出来る可能性は見出せないと言い切れます。ここがあなたの可能性の中心であり、様々なテクニックはこの後に必要となってくるものなのです。

[1]自分の環境を活かせること

これは、あなたが送ってきた人生を肯定することでもあります。環境に不足を嘆いている人に可能性は見えてきません。あなたが**自分の環境を活かそうと考えた時にあなたのやりたいことや得たいことは環境の中にすでに備わっていることに気づく**ことと思います。環境を否定したり、不足を嘆くのでなく、その環境を肯定的に捉えてみて下さい。成功している人は全員、その人の環境にあるものから実現出来る可能性を構築しています。

私でいえば、学生時代のアルバイト、高校時代の交通事故、美容メーカーでの経験、16年に及ぶ研修会社での経験、そして幼少の経験全てが今の仕事に活きています。また、新しく会社を立ち上げた時も、その時に周りにいた人だからこそ出来たのであって、特別に誰かを呼び寄せた訳でもありません。**あなたの環境にはあなたの可能性に必要なものがすでにある**のです。

自分の環境でデメリットだと思っていることに、可能性を実現する上でとても重要な要素が含まれていることが往々にしてあるのです。

また、全く焦点を当てていなかったあなたの環境やルーツに、実は可能性を実現出来る要素が眠っているのです。

[2]なりたい自分になること

最大のポイントがここになります。あなたが可能性を見出す上で、なりたい自分になっているイメージが持てますでしょうか。そして、見出した可能性はなりたい自分に向かっているでしょうか。

何かを犠牲にしていたり、何か循環が良くない箇所が想定されたり。そういった側面があるものはやはり長続きしません。可能性開発とは「なりたい自分になる」ことに直結していることなのです。

私でいえば、カウンセラーという職業=人の絶望を希望に変えられる人。よく、ミュージシャンが「自分の歌で希望を持って欲しい」と語っていることがありますが、まさしく、自分の可能性=なりたい自分ということになります。可能性は全て「自分」にフォーカスを当てて見出して下さい。

例えば、なりたい自分が「家族全員が豊かで幸せな家庭」と設定したとします。非常にアバウトではありますが、まずは最初の設定としてはOKです。その方はその「幸せな家庭」は環境にありますし、家族は大好きですし、自分も活かせます。上記3つのポイントに該当するものがたくさんありますね。

しかし、ここで重要なのは、「幸せな家庭」というところからでは可能性は見出されないということです。

「なりたい自分になること」ここが重要です。

幸せな家庭を築ける自分になること。これがなりたい自分です。自分がやるんだ！　自分が起こすんだ！　という意思がなければあなたの可能性は見出されません。**なりたい自分を描くということは、同時に脱依存を宣言することであり、可能性を見出すことに強固な「意思」を持つこと**であると言えます。

ここにフォーカスを当てないで周りにフォーカスを当ててしまうと、やれ息子がこうだの、主人がこうだの、家内がこうだのという論点になってしまいます。可能性開発は全て、自分にフォーカスを当てることなのです。

そうすれば、周りに妙に期待することもなければ、周りに責任転換することもありません。**自分にフォーカスを当てることによって、自然と全体のバランスが取れるようになっているの**です。

そして、なりたい自分になることとは、「自分が起こしたいことを起こせる自分である」ということです。すると、その起こしたいことを起こせている自分と今の自分とを比較した時に必要な情報や磨くべき部分が見えてくるはずです。

[3]大好きなこと

あなたの大好きなことはなんですか?

可能性は、大好きなことの中にあります。あなたは何をしている時、高揚しますか?ワクワクしますか? 自分が生きている実感が持てますか?

その発展したところに必ず可能性があるのです。

私は、とにかく人が希望を持つ瞬間が大好きです。自分が事故から周りに迷惑をかけ、そこから切り替わって人生が拓けた体験から、人が悩んだりふさぎ込んだりしているのが他人事に思えませんでした。そして、クライアントがあの頃の自分と同じように絶望から希望を持って未来を見る瞬間が大好きです。

この瞬間に生きている実感が持てます。あなたが、天職だと思えるものはあなたが大好きなことからでないと見出せないのです。**あなたが大好きなこと。またはあなたが興味や関心のあること。その延長線上に必ず可能性が見出せます。**

好きこそ物の上手なれという言葉がありますが、正にその通りです。好きなことに取り組んでいる時は、根性論的な努力とは全くかけ離れたところにあなたはいますよね。自分の大好きなことであれば、それにいくら時間を費やしたとして、磨いたとしても、大変だなんて少しも思いません。

子供がテレビゲームを何時間もやっているなんていうのを聞くとつくづく思いますが、もし私が何十時間もテレビゲームをやれと言われたら、ストレス以外の何ものでもありません。しかし、私は講演だったら何時間だってやっていられます。

まさに、子供にとってのテレビゲーム、私にとっての講演。それがやり続けられるのは「好きなこと」だからです。そして、自分の好きなことの中に自分の志が見えた。つまりビジョンが明確になり、その達成に向かう時の心境が『ワクワク』であるなら、そのプロセスは必ず成功するといえます。

ワクワクするという心境は、脳内でその物事をすでに達成出来ている時の心理反応です。すでに頭の中で達成していますから、目の前の出来事がいかにネガティブなものであったとしても、全く気になりません。

頑張ろう！　とか、乗り越えよう！　といった根性論的精神も出てきません。頭の中での達成していることのほうがはるかに勝っているからです。

男性寄りの表現になりますが、まさにテレビゲームをやっている感覚に近いかと思います。強敵が現れても、それは苦さやストレスとしての対象ではなく、楽しさを増大させてくれる対象です。まさに、日々の不都合な出来事は当人には、そのようにしか感じられなくなります。

これが、ワクワクの力です。

つまり、**ワクワクしたら『必達、必勝、絶対達成、絶対成功、完全成就』**です。

しかし、このワクワクは、意図的に出来るものではありません。ワクワク出来ないものを、ワクワクしようなんていうのは、生理反応を覆せと言っているのと同じです。

「息を吸うな、水を飲むな、お腹いっぱいなのにもっと食べろ、しっかり寝たのにもっと寝ろ」

こんな無理を自分に課せているのと同じです。

ワクワク出来るものは必ず誰しもにあります。それがあなたの大好きなことに眠っているのです。そして、それは必ず確実に見出せます。そこが、可能性開発の出発点だと言っても過言ではありません。

期待感～ワクワク。この心境が訪れたら、迷わずＧＯです！

［4］自分の才能が活かせること

あなたが今まで生きてきた人生は全く何一つ無駄なものはないと言い切れます。私が昔不良だったことでさえも、今のカウンセリングの現場で活かされていることばかりです。あなたが自分の考えを持たず、依存して、自己否定していては、自分を活かせるものが見えてくるはずもありません。今まで経験したことのない突拍子もないことをやって上手くいくはずもありません。今までやったことのない全く突拍子もないことに取り組もうとすることは、今までのあなたの人生を全て否定していることになります。

あなたがやるのですから、そのあなたを否定するようなことに取り組んで何の意味があるのでしょうか？　あなたの才能は何かを考え、あなたの強みは何かを考え、それが活かせることに焦点を絞りましょう。

それはすでにあなたには備わっています。ひょっとしたら、さらに磨かなければいけないかもしれません。もっと高めないといけないかもしれません。ですが、全く**あなたに才能がないということは絶対にありません。あなたが何かに依存して、あなた自身に焦点を当てていないばっかりに見えてこないだけ**なのです。

さらには、あなたがネガティブだと思っているところが実は可能性開発のキーワードだったりするのです。

上記の4つをシートに沿って書き出すことで、確実にあなたの可能性要素が明らかになります。

そして、第一ブロックの4つ目である「なりたい自分になること」で、実現化したい可能性にフォーカスを絞ります。

実現化したい可能性にフォーカスを絞ったら、それを以下の第2ブロックである4つの要素でフィルターをかけます。

可能性の抽出です。

[5] 人の役に立つこと

あなたの考えは自分を含めて、人の役に立つことでしょうか？　単純なことですが、関係している人達のどこかに負担が掛かっているとするなら、当然続ければその負担が大きくなりバランスは壊れます。

あなたのやろうとしていることが人の役に立つことでなければなりません。もし、独りよがりなものであったり、自己満足的なことであるならそれは可能性の実現化にはつながりませんから考え直して下さい。

そして、可能性を見出し、達成までのプロセスには、必ず何度も壁にぶつかります。その壁を乗り越えられるかどうかは、可能性を達成したい「動機」に起因するのです。

私はこれを「ＢｉｇＷＨＹ」と呼んでいます。なぜそれを達成したいのか。その理由が**「人の役に立つため」であり、自己満足や独りよがりでなければ、必ず周りの人が助けてくれ、そしてあなた自身も立ち上がる原動力となります。**

あなたが可能性を実現化したい動機は「人の役に立つため」でなければなりません。ということはそもそもの実現したい可能性が人の役に立つことでなければ、論理矛盾を起こします。あなたのビジョンは人の役に立つことでなければならないのです。

私が挫折しながらも、メンタルに従事することをやり続けられるのもそれが「人の役に立つこと」であると確信しているからです。

[6]希望であること（欲求でないこと）

あなたのやることがあなたを含め、誰かの希望につながることでなければなりません。

あなたが持てる何かをやることで誰かの希望になりますか？　あなただけの欲求を満たすものですか？

もし、あなたの欲求を満たすだけのものであれば、周りの協力は得られず、大成しませんし、長続きしないでしょう。これが出来るとあの人が喜ぶな、あの人が助かるよな、あの人が楽になるな、あの人の悩みがなくなるな、などなど。

これは、あなたが可能性を見出すためのとても大きな原動力となります。

[7] 未来にあること

あなたがやろうとしていることは、過去を清算するためのものですか？　それとも未来を拡げるためのものですか？

例えば、過去に自分をバカにした人達をあっと言わせたい、とか、借金があるからそれを返すためにやるんだ、など、それらは達成したい理由や動機が過去にあるのであって、未来にはありません。可能性と呼べるものは未来に掲げるものであって、過去を払拭するものではないのです。

過去を払拭するためにあなたが取り組んだとするならば、壁にぶつかった時にたやすく諦めてしまうでしょう。志やビジョンはそんなに弱いものではありません。こうなったら、こうなって、こうなって……と想像が止まらないくらいワクワク出来るものです。

もし、過去を払拭するためのものだったとするなら、それが達成された時点であなたはそれ以上行動を起こさなくなります。その時に残っているのは空しさだけです。なぜなら、それは自分のためにも誰のためにもなっていなく、ただ、自分の過去の感情のためだけにやったことだからです。

また、今やっていることの延長線上にもありません。今やっていることの延長線上であれば、たやすく想像がつきます。

もし、あなたが今やっていることがビジョンに向かっていることであるなら、想像に想像が重なり、未来にワクワクしているはずです。

そして、この項目でとても重要なのは、**絶対的に必要なのは、「未来にあること」ですから、言い換えると「今にないこと」**なのです。ここが、他にはないあなた独自の新しさです。これが見つかれば、まさしくあなたにしかカタチに出来ない可能性となります。この「未来にあること」を見出すことが出来れば、可能性は確実に見出されたと言えます。

[8] 本物であること

ここはとても重要な要素です。あなたが取り組もうとしていることは「本物」でなければなりません。あなたの取り組むことが偽物であっては自分や周りの人が傷つくだけの結果しか生まれません。

これはあなたがせっかく真剣に取り組んだとしてもあなただけではどうしようもないことになりかねません。本物であるということは、そのサービスや商品に嘘や偽り、誇張がないということです。そして、社会性があることです。いわゆる社会に認められるものであるか。反社会的な要素はないか。これは、あなただけの判断ではなく、専門家を含め、たくさんの方のアドバイスを受けることをオススメします。

そして、この項目で最も重要なのは「確信」がどれだけあるか！　ということです。**本物さとはあなたの確信から生まれます。いくら未来にあっても、人の役に立つことであっても、他の要素が満たされていたとして、あなた自身の確信がなければ、カタチになりま**

せん。どれだけ確信が持てるのか。あなたが取り組もうとする、実現化しようとする可能性に対して、あなたはそれに充分なあなた創りで出来ているのか。そういった側面をチェックする項目となります。

これらの４つの要素から可能性要素にフィルターをかけ、可能性の実現をチェックします。ここで可能性が見出されれば、自ずとその可能性からビジョンが見えてきます。可能性＝ビジョンであると言ってもいいのです。

志・ビジョンを持って事に当たる、それが「志事」

可能性開発パートで、可能性開発シートに書き出していくと、あなたの可能性が見えてきます。その可能性を私は「志事」と呼んでいます。通常は「仕事」と書きますが、これは日々の生活のための生活費を得るための経済活動であると定義し、**志事はビジョンに向かう、いわゆる「志」に向かっている「事」であるということ**です。あなたの日々の仕事が志に向かっているなら、それは志事です。

仕事は「志事」でなければなりません。社会人で大半の時間は仕事に費やします。家族との時間でもなく、子供への時間でもなく、大半は仕事です。その仕事があなたの生活費を捻出するだけのものであるなら、その人生は時間を浪費していることになります。その空しさを趣味や休日にストレスを発散していては一向に好循環にはなりません。人生とは物理的には「時間」なのですから。

一刻も早く、人生にビジョンを見出し、あなたが日々取り組んでいる仕事の向こう側に志を見出し、仕事を「志事」にしていただきたい。そうした瞬間に日常の全ての出来事はビジョンへの材料となりますと前述しました。

あなたの見出した可能性・ビジョンが経済活動と合致すれば、それはビジネスとなります。経済が伴わなければ当然続けることは出来ません。ビジョンと仕事は連動して考えていただきたいのです。

つまり、ビジョンが経済活動につながるものを見つけて下さい。ある人は「当然だろ」と思われるかもしれませんが、ビジョンとなるとそうでもないのです。結構突拍子もない現実離れしたところに設定される方が多いのです。

いきなり大風呂敷を広げる必要はありません。ビジョンに大きい小さいはありません。むしろ実現可能なところに設定して下さい。途方もない遠いところに設定しなければいけないのかと勘違いされている方がおられるのですが、偉人が私達から見て大きなビジョンを掲げていたのは、それは当人にとって現実味のあることだったのです。

あなたにとって、**あなたの掲げるビジョンに現実味がないなら変更しましょう。間違ってはないですが、もっと現実的なところに設定すべき**です。

ここまで来たら「可能性実現チャート」に沿って、次はシナリオのパートとなります。

妄想・幻想を志・ビジョンにするためのシナリオ

可能性が見出され、自ずとビジョンが見えてきたら、次にシナリオです。その可能性をどのように達成していくのか、ここでは、具体的な計画が必要です。ここでは、「絵に描いた餅はいらない！」というテーマが適しているかもしれません。

シナリオの重要性は次の通りです。

妄想・幻想
←
志・ビジョン
←
目標
←
予定

このような流れがシナリオ・計画によって可能となります。つまり、妄想や幻想が「予定」となるのがシナリオ・計画の素晴らしさです。

妄想・幻想を志・ビジョンにするために必要なことは「書く」ということです。

そして、志・ビジョンを目標にするには、数値化するということです。

そして、目標を予定にするには逆算計画を立てるということです。

この計画には、とにかく現実性を重要視しましょう。すぐにでも出来るところから始めることです。ここでは、これがないと始められないとか、これが不足しているから始められないというのは禁句です。

もし、不足していることがあるなら、何だったら今からすぐに始められるのかを考えて下さい。そして、それを数値化しましょう。

例えば、○○日から始めるとか、○○個作るとか、○○人に届けるとかそういったことです。ここで**数値化されていないと行動になりません。行動しない場合のほとんどが数値化しないから**なのです。とても簡単です。数値化すること。これだけです。そして、今から始められることを計画するということです。

そして、出来る限りの想定をしましょう。こうなって、これがダメだったらこうする。こうして、このアテが外れたらこうする、など。とにかく考えうる限りの想定を行って下さい。

この計画はとにかく、書き出すことをオススメします。パソコンでタイピングしても構いません。ここは、世間で言われている計画を立てる考え方で様々なものがありますから、そういったものを参考にして下さい。

可能性開発における「シナリオ」の絶対的ポイントは、達成からの逆算計画を立てることです。

ここで重要なのは以下です。

- **数値化する。**
- **すぐに出来ることを計画する。**
- **出来る限りの想定をする。**

このポイントさえ抑えていただけば、計画の立て方はあなたの好むやり方で結構です。必要なものを必要なタイミングで行っていくことですから、あなたの状況から自ずと決まってくるはずです。

絶対的に大切である出力＝行動

この「可能性実現チャート」成功へのアルゴリズムの最大のポイントといえる部分は**【行動】**にあります。行動しなければ、循環が起こりません。行動した結果、創造に行くこともあれば、ビジョンに行くこともあれば、またシナリオに行くこともあります。

この転換が循環となるのです。これは「出力」と考えていただいても結構です。冒頭に記述した、「入力」よりも「出力」が絶対的に大切であると書きましたが、まさしく行動のことであるといえます。

この可能性実現チャートでいう「ラックプロモーション」とは運気を作るということなのですが、その根幹は行動にあります。**運気を上げるための最大のポイントは行動することなのです。**一時的に不運と思うことが起こるかもしれませんが、それは近視眼的に判断しているだけで、中期・長期スパンで見ると何とも幸運だと思えることに気づきます。行動を起こさない限りは運気の循環が起こらないのです。

運の良い人とは、「ツイてる！」と言い続けている人ではなく、行動している人です。行動しないのに、ツイてる！　と思える出来事に出くわすはずもありません。とにかく行動してみる。どんなことでも構いません。

ですので、シナリオはすぐ行動に起こせることを立てないと意味がありません。

よく「引き寄せの法則」と言われているものがありますが、この引き寄せがどうしたら起こるのか、その答えは簡単です。

「行動」

これ以外に引き寄せの法則を起こすものはありません。**行動した結果、あなたの可能性の実現に必要な人やものと出逢う**のです。これが好循環なのです。

このことを起こすことが「ラックプロモーション」なのです。

思いつく限り行動に起こして下さい。その結果必ず可能性の実現に必要な出逢いが起こります。**【ビジョン＋行動】**は巨大な精神的磁石です。あなたがビジョンを見出したなら、**行動と共に必ず必要な出来事や人、ものと出逢います。**

こんな実験をしてみて下さい。

目を閉じて、「赤‼ 赤‼ 赤‼」と大きな声で言います。そして目を開けて周りを数秒見渡す。次にまた目を閉じて今度は「青‼ 青‼ 青‼」と同じく大きな声で言います。そして目を開けて周りを数秒見渡す。

どうでしょうか？

赤！ と言った時は赤色が飛び込んでき来たり、また探している自分がいましたよね。また、青！ と言った後は青色が飛び込んで来たり、探している自分がいませんでしたか？

このように、いつもの風景にもかかわらず、意識した色が飛び込んでくる。これを脳科学では、重要性関数と呼びます。あなたにとって、重要なものを脳は探すように出来ているのです。

例えば、結婚した夫婦は、奥様が妊娠した瞬間に、街中でたくさんの妊婦を見かけるようになります。あの人も妊娠してる、この人も……と。今まで妊婦がいなかったのが突然現れたわけではありません。今までは脳が受け取らなかっただけです。

運が良いとは、「自分が想定していること以上の出来事が起こった。自分が想定している以上の人と出逢った」ことを指しますが、まさしく上記の実験の通りなのです。今までも日常にあったにもかかわらず見えていなかった。目に飛び込んでこなかっただけなのです。これがまさしく「引き寄せの法則」なのです。あなたがビジョンを持って行動した結果、そのことに出くわしたのです。

前述の通り、想定を細かくすればするほど、想定外のことが起こった時に「運が良い！」と思えますから、しっかりシナリオの段階で想定を書き出して下さい。このようにあなたが**可能性を見出せば、自ずとその可能性があなたの毎日に訪れます。**

それを見つけるためにも行動しかないのです。

そして、行動することによって、確実に変化が現れてきます。

これは論より証拠、実際に可能性を見出して行動してみれば分かります。さらに、行動することでビジョンに必要な知識や情報・技能を身につけられます。

行動によって、新たに考えが生まれて来る。また、新しいものを作ることが出来た。これは行動から創造への矢印です。

行動することによって、ビジョンがより明確に見えてきた。これは行動からビジョンへの矢印です。

行動することによって、情報が集まり、よりシナリオを具体的に描くことが出来た。また、今描いているシナリオの不具合が見えてきた。

特にこの行動からシナリオへの矢印はビジネスでは「PDCA」サイクルと呼ばれています。

PLAN（計画する）↓DO（実行する）↓CHECK（計画を再考する）↓ACTION（再度実行する）というサイクルです。成功へのアルゴリズムでいう行動とシナリオの部分がPDCAになっているんです。しかし、PDCAはビジョンが前提にないため、プロジェクトを具体化するに留まります。そのサイクルによって人生の可能性が切り拓かれることはありません。

こうして、行動によって循環を起こすことで以下を手にすることが出来ます。

・学習
・情報
・知識習得
・体験
・感動
・検証
・奇跡的出逢い
・奇跡的出来事
・運気上昇
・確実な変化
・生まれ変わり現象

ここでいう「生まれ変わり現象」とは、一定の行動を行い続けると劇的に変化するタイミングが訪れることを指します。これはクリティカルマスラインと呼ばれる図式で表現されますが、一気に急激に変化が起こるのです。

これは、行動し続けると必ず起こる物理的現象です。たとえるなら、水を火にかけて沸騰させることと同じといえます。水を火にかけて、沸騰し始めるのは100度近くなった時です。それまでは外見はなんの変化も見えません。

しかし、確実に温度は上がっていっています。これが確実な変化です。その確実な変化を続けると水は沸騰し始めます。それまでは、行動し続けることなのです！

達成に向かうために必要なもの

しかし、この矢印のどれもが達成に向かう矢印ではありません。

達成するためにはあなた1人の力では絶対に無理なのです。1人の力で起こせる循環は上記のサイクルのみです。**達成するには必ず人の力が必要**なのです。これはどの達成にもいえることなのです。もし、あなたが1人で達成出来ることをビジョンに設定したとしても、行動からビジョンへの矢印に向かう時、新たに設定したビジョンは必ず1人では達成出来ないビジョンに成長していきます。

その時に必要なのが、「勇気づけ・愛」なのです。

勇気とは、「困難を克服する力」です。達成に向かう時には必ず困難と直面します。もし、困難に直面していないとするなら、あなたは創造の8つのポイントのうち「未来にあること」から外れていて、あなたのビジョン設定は過去を払拭するためのものであり、過去の延長であって、創造ではありません。

しかし、困難を克服する力である「勇気」は自分では持てないのです。**大きく達成に向かう時に必ず訪れるこの壁は、他人からの勇気づけを持って乗り越えられる**のです。きっと、人間には他人を必要とする何らかのシステムが働いていて、人間が成長する上で他人と交流するように構築されているのだろうと定義づけてしまわない限り合点がいかないほど、大きな達成には勇気づけが必ず必要となってきます。

その観点から偉人の伝記や歴史上の人物、また身近な方でも結構ですので考察してみて下さい。しっかり当てはまることと思います。

別の言い方をすると「愛」です。**愛とは成長・発展を促す力**です。困難を克服させよう、発展させようとする自分以外の人からの力を持って大きな達成は訪れる。

達成をすると、そこで初めて自信がつきます。自信は達成した時に身につく心理状態なのです。ですので、達成もしていない人に自信を持ってやれなどという根性論は全くの論外です。達成したこともないのですから、自信など持てるはずがない。普通に考えてみれば、しごく当たり前のことだと気づいていただけるはずです。

ですので、自信がないと思われる方はいたって普通です。自信がなくて当然なのです。だって、まだ達成していないのですから。

自信がないと思われている方。どうぞ安心して下さい。そして、あなたにも自信があることがあるはずです。それは達成したことのあることではないですか？　そして、振り返ってみると、その達成したことは誰かの助けがあって達成出来たのではないですか？自身の経験から見てみても整合性があると思っていただけることと思います。

失敗も達成に含まれる！

しかし、ここでしっかり知っていただきたいのは「達成には失敗も含まれる」ということです。多くの成功者は、同時に多くの失敗者でもあります。その失敗という達成から大きな循環を起こし、新たな創造に至った方、これを可能性実現チャートでは「進化」と定義しています。また、その失敗という達成から新たなビジョンを見出した方、これを「成長」と定義しています。おおよそ、失敗という達成から多くのことを学び、そして新たなことを見出すに至ったのです。まだあなたには実感が湧かないかもしれませんが、その**失敗によって自信がつく**のです。そして、可能性が実感レベルで拡がるのです。

たとえるなら、料理を作っていて失敗したとします。ハンバーグを焼いていて、焼きすぎて焦がしてしまった。あなたはもう二度とその失敗は繰り返しませんよね。それは自信と呼びませんか？

醤油とソースを間違えてかけたことのある人は、かける前に臭いを嗅いだり、少し出してみて確認したり必ずすることと思います。二度とその失敗は繰り返しませんよね。それは自信ではないでしょうか？

あなたが自転車に乗る時に誰かが手伝ってくれました。何回も何回も転んで、やっと乗れるようになった。もう転ばない自信がありますよね。それは転んだという体験である失敗から学んだのではないでしょうか？

その時に可能性を実感出来たはずです。

しかし、**失敗を失敗であると認識している方には次の循環は起こりません。**失敗した時点でやめてしまうからです。どうか、**失敗も達成に含まれる**という点をしっかり脳裏に焼きつけて下さい。むしろ、**あなたのビジョンを達成するためには失敗は大いなる財産である**くらいに考えていたほうがちょうど良いくらいです。

なんにしても、失敗を繰り返して成長し、上達するものです。短いスパンのことや手前のことであれば、たやすく理解出来ると思いますが、人生というスパンになるとこの当たり前のことが適応させづらくなります。人生も自転車も料理も同じことなのです。

私は人生での失敗から、自信を持って言い切ることが出来ます。今後二度と誇張した表現や嘘、偽りを持ってクライアントには接しない。これは私が失敗という達成からついた自信です。これを教訓と呼ぶ場合もありますね。

今までのあなたの失敗もそう考えると何一つ無駄ではないといえるのです。ただし、繰り返しますが、そう思えるのはビジョンがあってのことです。

その循環の中であなたは大きな達成を現実するに至ります。この達成は失敗ではなく、本当の意味での可能性の達成です。しかし、あなたはそこに留まりません。次なる創造、もしくは次なるビジョンが同時に見えてくるでしょう。これは、事業でいう、第二創業と呼ばれるものもこれに該当します。全く新しい事業を始める場合です。また、企業が掲げる目標を達成すると次にさらなるビジョンを掲げます。地域一番店から全国展開へ、などです。

あなたもビジョンを追い続けると必ずその時がやってきます。その時に勇気づけてくれた人、愛を注いでくれた人に必ずお返しをして下さい。それを怠ると次に達成が必要な時に必ず痛い思いが返ってくるようになっています。これも何らかのシステムが働いているのでしょう。そう考えるのが一番合点がいきます。

ともかく、**困難にぶつかった時に支えてくれた人達を絶対に大切にして下さい。その人こそがあなたにとってかけがえのない大切な友です。**

勇気づけ、愛の力強さ

私の父は私が20代前半の時に他界しました。父はアルコールを大量に毎日摂取していたため、それが臓器を悪化させ、結核、肝臓癌と肝硬変、C型肝炎を同時に患う結果となりました。医者からは次の正月は迎えられないと思って下さいとの診断でした。診断当時が9月だったので、余命3ヶ月の診断でした。

母はその時、趣味にしていた日本舞踊をまた習おうと言い出していました。父が他界した後、寂しさに耐えられないのではないかと。私は当時研修会社に勤めていましたから、兄と私とで父親がまだ死んでもいないのに諦めるなと説得し、私と兄とで毎日のように教わったセラピーを父に行いました。そして、父は2年半延命するに至ったのです。

父は一次退院し、自宅療養となりました。その時の父と母が忘れられません。父と母は手をつないで買い物に出掛け、食事をする時は母が父に「あーんして」と口元へ届けるのです。ドラマのような仲の良い夫婦でした。

私が学生時代に思ったことは瞬間に払拭され、この両親から生まれて本当に良かったと痛感しました。そして、父は再入院し、その後他界します。

後日母から聞いた話ですが、父が再入院する前日に母を呼び出して言ったそうです。何時間にも及んで、母を褒めちぎったそうです。

「洋子、お前は本当に可愛い嫁さんだぞ」

「洋子、四人も宝物を作ってくれてありがとうな」

と、何時間にも及んで父は母に言い続けたそうです。今までそんなこと言ってくれたことはなかった。母はずっと泣き続けたそうです。

母は今、認知症を患っています。私は一度離婚していますが、そのことはもう覚えていません。認知症は新しい記憶からなくなっていくそうです。もしそうであるなら、もう母は自分の兄弟や母の両親のことを語っていて、それ以外忘れていなければつじつまが合いません。しかし、母は父のことを言い続けているのです。

私は思います。あくまで単なる仮説ですが、勇気づけ、愛こそが脳裏に深く刻まれて、その人が生きていく原動力になるのではないかと。

勇気づけや愛はそれほどまでに力強いものではないかと。

父の再入院する前の母への語らいは、母への勇気づけとなって、母の脳裏にはそのことがずっと巡っているのではないかと。

そうであっても、そうでなくてもどちらでもいいのですが、勇気づけは人を奮い立たせる力であることは間違いないはずです。どうか、今あなたの周りの人で、壁にぶつかっている人がいたとするなら、指摘することももちろん大事かもしれませんが、勇気づけをしてあげて下さい。

「大丈夫だよ！　だって、あの時だって乗り越えられたじゃないか！」

「あの時、君から言ってもらったあの言葉で自分は頑張れたんだよ、そんな君だから出来るよ」

「あなたからしてもらったあのこと、嬉しかったなあ。あれがなかったら今の俺はないよ。本当に」

「君に出来ないはずないじゃないか、君になら絶対出来るよ！　私に手伝えることがあったら何でも言って！」

「君が乗り越えるのを待ってる人が必ずいるよ！　少なくてもボクはその1人だよ！」

思いつく限りの勇気づけをしてあげて下さい。

そのあなたがした勇気づけは必ずあなたが壁にぶつかった時に誰かを通して返ってきます。あなたが挫折しそうな時に誰かが勇気づけてくれます。

可能性開発プログラムと出逢った「安藤千陽」さん

以下は可能性開発プログラムから自身の可能性を見出した1人の女性の話です。

その方は自身が可能性を見出せたことをどうしても人に届けたい！　とセミナー講師として人前で話すことを決断し、実際に行いました。

ご本人か書かれたセミナーの台本です。紹介させて下さい。

皆さん、初めまして！　の方もいれば、お久しぶりです！　の方もいれば、お世話になっております！　の方もいらっしゃいますね。

只今ご紹介に預かりました安藤千陽です。

本日のセミナーで前半部分を担当致します。

精一杯お話しさせていただきます、どうぞ、最後までよろしくお願い致します。

さて、今日、私が皆様の前に立ってお話をすることになった経緯。

このことそのものが本日の私の講演のテーマです。

とても、今日の内容を話すことには抵抗がありました。でも、伝えるべきことなのでお話し致します。

まずは私自身のルーツから。


私は、岡山県で生まれこの町で育ちました。

両親の離婚から貧しい幼少期を過ごし学生時代には非行にはしり、バイクに乗ったり補導されたり家出したり……。

そして、当然学校ではヤンキー（不良）のレッテルを貼られ、その後は色々な水商売を経験し、そして長女を出産後にはパニック障害と診断され、当時は、まだあまり知っている人が少ないこのパニック障害の辛さや、しんどさを理解してくれる人も数少なく、身内でさえも、〝気の持ちようじゃないの？〟〝神経質になりすぎてるんよ！〟などと真剣に取り合ってくれず、日に日に外へ出るのが恐い、人に会うのが嫌だと家に引きこもるようになり、気づけば体力的にも衰え、娘の髪をといてやることさえも出来ず……絵本を読んでやっていても息切れがし……無理すると過呼吸になったりと思うようにならず……誰にも相談しようもなく、ただ不安に襲われては発作を起こし、気を失ったり救急搬送されたりを繰り返し……。

この頃から劇的に痩せたり太ったりした挙句、どんどん太り続け、着たい服は着れず、娘の参観日や学校行事に参加するのも嫌になっていきましたが、参加しないわけにもいかず、学校行事や町内の集まりなどがある前日は吐き気を伴う下痢をし、当日には普段より多めの安定剤に頓服まで飲んで参加していました。

もともと社交的で誰とでもすぐに打ち解けていた自分なのにどうして、こんなふうになってしまったんだろうと色々な面で、あらゆることがストレスに感じる日々を過ごしていました。

そして、そんな時に一つの出逢いがあったんです。

ビジョンリーダーという会社の「増田勝利」さんとの出逢いでした。

増田さんは、新しいダイエットプログラムを開発していて、そのプログラムを私に一緒に作って欲しいと言われました。

「えー、私なんかに出来るかな……」と思ったんですが、でもやりたい……と思う自分がいたんです。

だから、「分かりました」とお返事をしました。

その後、岡山で増田さんのセミナーがあった時に、ダイエットプログラムの基本的なことを聞き、とにかく痩せたい！　という気持ち一心だった私は、増田さんの話を聞いた時に「あ！　これなら出来る！」って思えたんです。

そして、私は毎日そのプログラムを実践しました。

そうです、何も続かなかった私が3ヶ月も続いたんです。3ヶ月も！

その結果、体重はマイナス12キロ、12キロも体重が減ったんです。

長年、痩せられなかった私が、痩せることが出来たんです。

私は自信がつきました。

その時に増田さんから言われたんです。

「この意識ダイエットプログラムは、ただ痩せるだけのプログラムではないんです。痩せたその向こう側にビジョン、夢を持って、そのビジョン・夢の達成に向かって歩むことが本当の目的なんです」と。

「ちいちゃんのビジョンは何？」って聞かれました。

私は、お母さんにお返しがしたい。子供の頃、ずっとずっと守ってくれた、辛かったろうにそれでも私を守り続けてくれたお母さんにお返しがしたい。そして、誰にも依存することのない、自立したかっこいいママになりたい！　って増田さんに言いました。

増田さんと瀧谷さんは、「充分すぎるほど可能性あるよ！　ちいちゃん。ちいちゃんの体験を届けようよ。セミナー講師になろうよ！　そして、意識ダイエットトレーナーで経済的にも自立したかっこいいママになろうよ！」って言ってもらったんです。

正直、私に出来るわけない！　って思いました。絶対に！　絶対に！　絶対に無理！　って。

でもこう言われたんです。

「そんなに無理だって言ってるちいちゃんがもしセミナー出来たとしたら、周りの人はどうかなあ……」って。

私、はっきり答えました！

「私に出来たんじゃったら、誰にだって出来る！　私が出来たらすごいことよ！」って。

その時に思ったんです。

こんな人に言えたもんじゃない私自身の体験・経験、人に自慢出来ることなんて何一つ持っていないって思ってた私。未来の可能性なんて私にはないって思ってた。

そんな私に可能性があるんなら、誰にだってある！　そう思ったんです。

そうです、誰にだって、可能性はあるんです。誰にだって！

私はそのことをこれから私自身の体験を通して、伝えていこうと決めました。誰にだって可能性はある！　その証明を私自身でしていこうって。

そしたら、お母さんに辛い思いさせたことも、私のいろんな過去のことも、良かったって思える。

人って変われるんだって。

誰だって、変われるんだって。

でも、そのためには、知らなきゃいけないことがたくさんあります。

可能性ってどこにあるの？　とか。
可能性ってどうやって見つけるの？　とか。
可能性を具体的にするためのプログラムがあるんです。

それを届けていくきっかけになろうって。出来るだけたくさんの方にきっかけを創ろうって思いました。

そして、こうやって今、皆さんの前に立っています。

まだまだ話すのも下手だし、緊張するし、これでいいのかなって不安だらけです。

でも、事実こうやって皆さんの前に今日立って話しています。どうであっても。

私のことを知ってる人なら本当に分かってもらえると思うんですけど、これってあり得ないことなんです。


人は変われる。人は誰でも可能性がある、それは誰でも具体的に発揮出来る。


つまり、夢は叶う。ビジョンは必ず達成出来る。

今の私もまだプロセスです。これからどんどんもっともっと自信をつけて、もっと可能性をカタチにしていきます。

今日は、私の人生で初の舞台をご覧いただき、お聞きいただき、ありがとうございました。

とても人前で話せるようなレベルではないと思いますが、これからどんどん上手になっていきますから、今日聞いて下さった方は、今後、上手くなった時の私しか知らない人に今日のことを話してくれたら嬉しいです。

「あんなに上手に堂々と話してるけど、一番最初はへたくそだったんだよ」って(笑)。

それも一つの可能性のカタチかなって思います。

人は変われる。誰にだって可能性はある。私がその証明。

今日は、ご静聴いただき、誠にありがとうございました。

私はこのことから可能性開発への勇気づけをいただきました。

安藤さん、ありがとう。

そして、皆さんにも必ず可能性があることを実感していただきたい。そう願ってやみません。

人生はつじつまが合うことを母が教えてくれた

本書の執筆にあたり、私は学生時代のことを含めて、たくさん母に質問し、会話をしました。

母は私と41歳離れています。

母に学生時代の頃によく父親と喧嘩をしていたことを尋ねたら、母はこう言いました。

「私は本当に幸せだよ。だってあんなにステキな主人といられたんだから。世界で一番優しい人だったわ」

と。

私は、

「いやいや、俺が学生の時、喧嘩ばっかしてたじゃん。それが原因で俺はグレたんだから！」

と言うと母は、

「それはね、全部私がワガママだったからなのよ。全部お母さんのせいなのよ。だって、お父さんは本当に優しかったんだから……」

と笑顔いっぱいに言ったのです。そして、さらに私は尋ねました。

「お母さんの人生で一番楽しかったことは何だったの？　一番好きなことはなんだったの？」

「４つの宝物である４人の子供を育てることだったよ。みんな、こんなに立派になってくれて。私は宝物が４つもある。本当に私は幸せ」

母のビジョンは４人の子供を立派に育てること。母の大好きなことは４人の子供を立派に育てること。

母は自分の環境を活かし、貧乏でも一生懸命工夫して頑張ってくれた。それはこれっぽっちも苦しくなかったと言ってくれました。

子供の頃、あんなに父のこと、愚痴ってたのに。

子供の頃、あんなにいつも喧嘩してたのに。

自分の記憶を疑ってしまうくらい、母は穏やかに、にこやかに話してくれました。

母と別れた後、涙が止まりませんでした。

「感謝」が湧いてくるのです。止まらないほど感謝が湧いてくるのです。

ビジョンに向かって、生きた人の人生は、その人の最大の幸せが待っているのかもしれません。

それを、母が教えてくれた気がしました。

母は子供の頃、ずっと次の言葉を言っていました。

「頑張って、頑張って、頑張って、頑張り抜いた者が克ち！」

「だから、勝利、とにかく何事も一生懸命頑張りなさいよ！」

「あなたの頑張りは必ずお天道様は観てるからね」

これから、この「可能性開発」を持って、これから出逢うたくさんの方々の可能性を見出し、母を裏切ることなく「人の役に立つ」ために精一杯邁進して参ります。

皆様の可能性との出逢いを切に願って。

おわりに

〈あなたへのメッセージ〉

成功とは「可能性を発見（見出し）、そして実現（達成）すること」

成功はすなわち幸福でもあり、なりたい自分（可能性を実現した自分）でもあります。

そして可能性の発見から実現に立ち向かうことが「進化」であり、

これこそが人として生まれてきた使命であり目的なのです。

だからこそ

「可能性を見つけよう」

「見つけたら実現に立ち向かおう」

「そして達成しよう」

終《つい》に達成出来る人もいれば出来ない人もいます。

終わりはないという成功者もいます。

しかし実現、達成に立ち向かって生きることが「進化」であるから、
その時点ですでに人生の使命、目的は果たしていると言えるのです。
可能性を見つけることが第一義。次に実現、達成に立ち向かっていくことが第二義。
私達には「可能性を見つけるための唯一のプログラム」があります。
そして「可能性」の実現、達成に立ち向かっていくためのアルゴリズムがあるのです。
今、私達は確信を持って言えます。
人に必要なのは「可能性」なのです。

私は、現在、今までの自分に、今までの環境に感謝しています。
私を支えてくれている、妻・3人の兄・母・恩師・仲間。
特に恩師である瀧谷啓吾には、格別な思いがあります。
私は私の可能性の最大限に向かって、日々全国を回っています。
その中で、人との出逢いは嬉しいものですし、別れは悲しいものです。
私は出逢いと別れを次のように考えたいと思っています。

【出逢いと別れとそれについての言動の理想とするところ】

出逢う人、つまり来るものは拒まずに受け入れる。

ですから、その人が今までどれだけ駄目だったかとか、たとえ性格が悪いと言われているところがあったとしても、別に深く知る必要もないですし、どうでもいいと考える。

別れる人、つまり、去るものは追わずに手放す。

ですが、その別れたその人がどれだけステキでいい人だったか、その部分だけをいつまでも忘れずに残し、事あるごとに思い出す。

ましてや、別れたその人の批判など口にすることはあってはいけません。

どれだけステキだったかを語り続けるのです。
こうありたいものです。
そんな中、日々、様々な出来事が起こります。

『カルマの影響』
『あなたの合わせ鏡』
『内なる投影』
『思考の現象化』

などなど。
解釈は当人の一番納得のいく理由でいいのです。むしろ、理由はどうでもいいのです。
納得出来ないと前に進めないなら、自分の納得出来る理由を当てはめればいいのです。

どの理由でも構わない。

大切なのは、最も大切なのは、自分が決めた道を歩み続けることです。
時に、思い通りに行かないこともあるでしょう。
時に理不尽なこともあるでしょう。
時に諦めそうな時もあるでしょう。
それでも、あなたの決めた道を歩みましょう。
その道をやめてもいいでしょう。
別の道に変えたって構わない。
でも、新しく歩む道もあなたの道です。
ただ、道を歩んで行きましょう。
良いか悪いかは途中では分かりません。
出来事に答えがあるのではなく、歩むことが答えなんです。
誰のせいにしても、あなたの道です。
依存してはいけません。あなたの道にあなた以上の価値ある人はいません。

あなたの人生で最高の価値ある人物はあなたです。
あなたが尊敬する人、崇拝する人がいたとしても、それはあなたの人生のキャストに過ぎません。
依存を脱し、あなたがあなたの足であなたの道を歩んで下さい。

『我が道に　輝きあれど　迷いなし』

これが私の座右の銘です。
ここまで私が歩めた全てのことに感謝して。

増田勝利

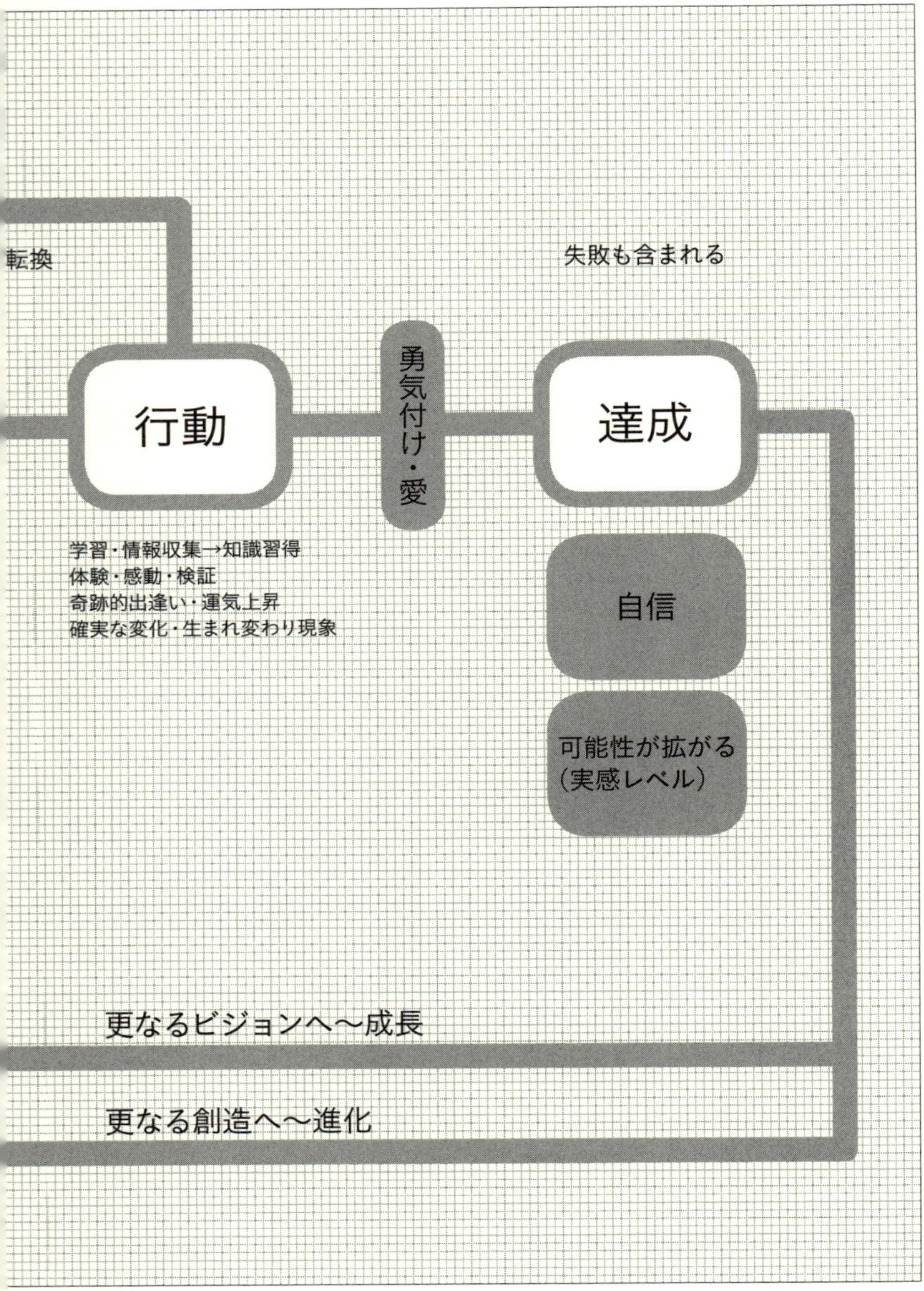
転換
失敗も含まれる
行動
勇気付け・愛
達成
学習・情報収集→知識習得
体験・感動・検証
奇跡的出逢い・運気上昇
確実な変化・生まれ変わり現象
自信
可能性が拡がる
（実感レベル）
更なるビジョンへ～成長
更なる創造へ～進化

可能性実現チャート

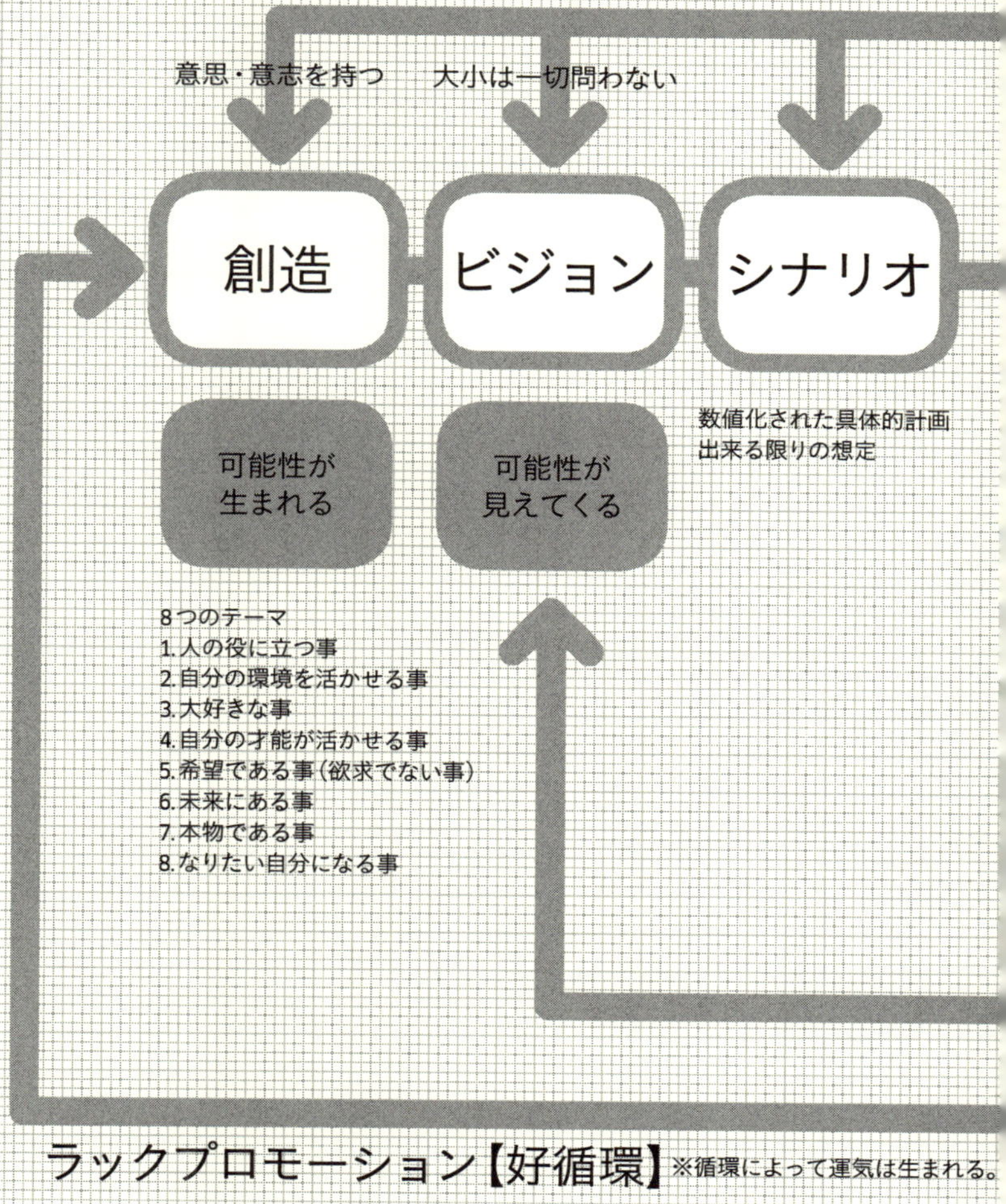
意思・意志を持つ
大小は一切問わない
創造
ビジョン
シナリオ
可能性が生まれる
可能性が見えてくる
数値化された具体的計画
出来る限りの想定
8つのテーマ
1.人の役に立つ事
2.自分の環境を活かせる事
3.大好きな事
4.自分の才能が活かせる事
5.希望である事（欲求でない事）
6.未来にある事
7.本物である事
8.なりたい自分になる事
ラックプロモーション【好循環】※循環によって運気は生まれる。

可能性開発プログラム

可能性開発シート

可能性開発プログラムは、スリーステップで構成されています。可能性実現チャートの、創造・ビジョン、ここまでがファーストステップ。そして、シナリオ。ここが、セカンドステップ。そして、行動〜創造または、行動〜ビジョンまたは、行動〜シナリオ。実現する可能性によって、どの循環を何度繰り返すかは様々ですが、この循環を繰り返しながら達成まで導くのがサードステップです。ファーストステップを、可能性開発パートと呼んでいます。ここで使用するのが、可能性開発シートです。可能性開発シートは、2つのブロックに分かれています。ファーストブロックは、可能性要素の記述。セカンドブロックは、可能性の抽出となります。ここで抽出された可能性を、小グループでディスカッションしながら、シナリオをたてていきます。これが、セカンドステップです。そして、たてたシナリオを実行し達成へ向かわせる。これは、個別にやり取りしながら進めていきます。これが、サードステップです。

① 可能性開発シート

可能性開発シートに沿って、あなたの可能性を具体化していきましょう。
このシートをテーマに沿って書き込んでいくと、あなたの可能性が見出されていきます。記入していくうちに、あなたの可能性が見えてきます。わからないところや不明な点があったら、どんどん講師に質問してください。

記入するポイント

・演出しない、誇張しないこと
→出来事は事実に基づいてありのままをお書きください。

・嘘・偽りのないこと
→嘘や偽りがあると、せっかく導き出した可能性もゼロになります。

・正直になること
→本当に思っていること、本当に感じていることを書きましょう。

・人の目を気にしない、遠慮しないこと
→思っていること、考えていることを遠慮などせずにどんどん書き込んでください。

・善悪で判断しないこと
→悪いと思うことでも大いに結構です。

・決めつけないこと
→「こうしたいけど……そんなの無理だし……この程度にしておこう」などNGです！

・考え込まないこと
→思いつくかぎり、ペンを走らせてください。

可能性開発シートは2ブロックに分かれています。

ファーストブロック「可能性要素記述」

ここであなたのステータス（現状）を明確にします。ここに可能性が眠っています。

セカンドブロック「可能性の抽出」

あなたのステータスから可能性を抽出するブロックです。

1-2 「自分の環境を活かせる事1」

過去の自分・親・先祖の生い立ち、ルーツ

あなたの生い立ちルーツ・経歴

先祖・親・親族のルーツ・経歴

1-3 「自分の環境を活かせる事2」

現在の自分・親・先祖・親しい人の仕事、現在の自分や周りの友好関係

あなた・親・先祖・親しい人の現在の仕事

あなたや周りの友好関係

1-4 「なりたい自分になる事」

テーマ設定・自分が起こしたい未来について

周りに与えたい印象・影響・雰囲気

具体的に起こしたい事（事業、ビジネス、形にしたい事）

1-5 「大好きな事1」
全般

大好きな事（何でも）

大好きな人

1-6 「大好きな事2」

興味、関心について

実際に取り組んでいる、面白いと思っている事・もの

まだ取り組んでいないが。興味・関心のある事・もの

1-7 「自分の才能を活かせる事」

自分の長所、才能、得意な事について

あなたの長所

得意な事、才能があると思っている事

1-8 可能性要素まとめ

自分の環境

生い立ち・ルーツ・経歴

仕事・交友関係

なりたい自分

具体的に起こしたいこと

大好きな事

何でも・人

興味・関心

自分の才能

長所

得意な事・才能

② 可能性開発シート

・セカンドブロック「可能性の抽出」
ファーストブロックで記入した、なりたい自分の「具体的に起こしたいこと」をテーマ化します。

抽出した可能性の実現可能度合いをチェックするためのポイントは4つです。

①「人の役に立つこと」
→人とありますが、これは○○さんのとか具体的な特定の方であっても一向にかまいません。
②「欲求ではなく希望であること」
→あなたの起こすことが自分だけの利益や動機ではなく、他社の利益のためであることです。
③「未来にあること（新しいこと）」
→今どこにもない、未来にしかないもの。新規性といわれるものです。新しさを見つけましょう。なければ作りましょう。
④「本物であること（確信が持てること）」
→あなたの確信度合い、裏付け、根拠等です。あなたが絶対だと言い切れるものにしましょう。

あなたの記述した「可能性要素」から上記4つのフィルターをかけて、あなたの可能性の実現可能度合いをチェックします。


「人の役に立つこと」

大いに役立つ◎　立つ○　立つかどうか不明△　立たない×

そしてどんなふうに立つのかを記入。

「欲求ではなく希望であること」

大いに希望になる◎　希望になる○　なるかどうか不明△　ならない×　そしてどんなふうに希望になるのかを記入。

「未来にあること（新しいこと）」

全く類を見ない新規性である◎　新規性がある○　あるかどうか不明△　ない×　どの部分が未来にあるのか、新しいのかを記入。

「本物であること（確信が持てること）」

絶対なる確信が持てる◎　確信が持てる○　どちらともいえない△　確信はない×　本物である部分と補足部分を記入。

テーマ1

人の役に立つ事	欲求でなく 希望である事	未来にある事	本物である事

テーマ2

人の役に立つ事	欲求でなく 希望である事	未来にある事	本物である事

テーマ3

人の役に立つ事	欲求でなく 希望である事	未来にある事	本物である事

テーマ4

人の役に立つ事	欲求でなく 希望である事	未来にある事	本物である事

増田勝利 ますだかつとし
株式会社ビジョンリーダー企画開発ディレクター・カウンセラー・セラピスト。1978年9月4日生まれ。愛知県名古屋市出身。化粧品・健康食品メーカーに2年間勤めた後、約18年間研修会社に勤務して心理学を学び、教育事業の経営と全国各地での講演・研修・企業コンサルティングを行う。講演会・研修の開催は500回を超え、カウンセリングのクライアント数はのべ2万人を超える。現在は株式会社ビジョンリーダーにて、全国で講演活動・講師育成を行い、創造意識科学をベースに独自の心理学や心理術を体系化して構築した『可能性開発プログラム』を提供している。
株式会社ビジョンリーダー　tel 03-5201-7428

「可能性《かのうせい》」を見《み》つけた男《おとこ》の
真《しん》・成功《せいこう》へのアルゴリズム
〜ビジョンを見《み》つければ誰《だれ》もが幸《しあわ》せになれる!〜

著者　増田勝利《ますだかつとし》

2015年12月23日　初版発行

発行者　磐﨑文彰

発行所　株式会社かざひの文庫
〒110-0002 東京都台東区上野桜木2-16-21
電話・FAX 03(6322)3231
e-mail: company@kazahinobunko.com　http://www.kazahinobunko.com

発売元　太陽出版
〒113-0033 東京都文京区本郷4-1-14
電話 03(3814)0471　FAX 03(3814)2366
e-mail: info@taiyoshuppan.net　http://www.taiyoshuppan.net

印刷　シナノパブリッシングプレス

製本　井上製本所

デザイン　三木俊一（文京図案室）

ISBN978-4-88469-861-4